새 세대를 위한 산스크리트 대조 해설

모든 붇다가 보살피는

아
미
따
경

〈개정판〉

새 세대를 위한 산스크리트 대조 해설

모든 붇다가 보살피는

아
미
따
경

〈개정판〉

옮긴이 보정(普淨) 서길수(徐吉洙)

가장 이른 때(2~3세기) 만든
관세음보살과 아미따 붇다 모습

파키스탄 페샤와르 박물관 소장번호 1867.
(2014.03.06. 옮긴이 찍음)

1. 새 세대를 위한 산스크리트 대조 해설

아미따경은 지금까지 수십 가지 번역본이 나왔다. 옮긴이가 새삼 새로운 번역을 한 것은 한문을 잘 모르는 세대에 알맞은 번역본을 만들기 위해서다. 이 아미따경은 다음과 같은 새로운 마음가짐으로 옮겨 보았다.

1) 한문식 산스크리트 낱말을 본디 소리로 바로잡았다.

① 불佛 : Buddha → 佛陀 / 佛로 옮긴 것을 우리식으로 '부텨' 라고 읽다 부처가 되었다. 본디 소리에 따라 'Buddha=붇 다' 라고 옮긴다. 영어 · 불어 · 스페인어 · 독일어 사전에 도 모두 buddha이므로 앞으로 새로운 세대가 국제적인 활 동을 할 때도 유용하다.

② 비구比丘 : 산스크리트 빅슈(bhikṣu), 빨리어 빅쿠(bhikkhū)

를 옮긴 것으로, 본디 소리 대신 '빅슈' 로 옮긴다. 영어사전에는 빅슈(bhikshu)와 빅쿠(bhikku)가 다 나온다. 따라서 '빅슈' 라고 옮기면 자연스럽게 산스크리트 원문도 알게 되고, 비구比丘의 원문도 알게 된다.

③ 석가모니釋迦牟尼 : 원문 사꺄무니(Śākya-muni, Ⓟ Sakya-muni) 그대로 '사꺄무니' 라고 옮긴다.

이처럼 새롭게 낱말을 바꾼 것은 본문에서 모두 따로 해설하였다.

2) 현대에 이해할 수 없는 용어나 잘못 옮겼던 낱말들을 과감하게 바로잡았다.

① 10만억 불토 : 현재 '10만억' 이라는 단위는 쓰이지 않아 이해할 수가 없다. 현재 우리가 쓰는 조兆에 딱 들어맞아 '10만억=1조' 로 옮겼다.

② 항수行樹 : 대부분 '가로수' 라고 옮겼는데 가로수는 12세기 이후 몽골이 처음 심기 시작했다고 한다. 그래서 산스크리트 원문 딸라-빵끄띠(tāla-paṅkti)에 따라 '나무숲' 이라고 옮겼다.

③ 항하사恒河沙 : 대부분 '항하의 모래' 라고 옮겼는데, '강가

강'의 모래로 옮겼다. 산스크리트 원문은 강가-나디 (Gaṅgā-nadi)다. 한자 [恒]자는 '긍'과 '항' 2가지 읽는 법이 있는데 잘못 읽은 것이라 바로 잡았다.

이처럼 새롭게 옮긴 것은 모두 따로 해설하였다.

3) 될 수 있으면 쉬운 우리말로 옮겨 중학교 학생 정도면 이해할 수 있도록 하였다.

① 팔공덕수八功德水 → 여덟 가지 공덕의 물
② 주야육시晝夜六時 → 밤낮 여섯 때
③ 삼악도三惡道 → 세 가지 나쁜 길
④ 아비발치阿鞞跋致(avinivartanīya) → 물러서지 않는 자리
⑤ 일생보처一生補處(ekajātipratibaddha) → 한 번만 더 태어나면 붇다가 되는 자리
⑥ 무량無量 무변無邊 무수無數 → 그지없고 가없고 셀 수 없는

4) 아름다운 우리말을 찾아 썼다.

① 공양供養 → '이바지'. '힘들여 음식 같은 것을 보내어 줌, 물건을 갖추어 뒷바라지함, 도움이 되도록 힘을 씀'과 같

은 뜻이 있으므로 공양과 가장 가까운 낱말이다.

② 제상선인諸上善人 → '어진 사람'. 여러 상선인上善人이라
고 옮길 수 있는데, 세조가 옮긴 첫 언해본에 '어진 사람'
이라는 멋진 말이 나와 그대로 옮겼다.

역사를 통해서 보면 경전을 자기 나라말로 옮길 때 될 수 있
으면 자기 나라의 고유한 말을 찾아 옮기면서 경전을 읽는 이
들이 바른말, 아름다운 말을 익히도록 이끌었다. 이 번역본에
서도 한문 용어를 그대로 읽는 데서 벗어나 순수 우리말을 찾
아 옮기려고 많이 애썼다.

5) 경전의 이름 :『모든 붇다가 보살피는 경』

『아미따경』이라는 이름은 꾸마라지바가 지은 것이고, 현장
은『칭찬정토불섭수경稱讚淨土佛攝受經』이라고 지었다. 그러나
경전 안에서는 붇다가 이 경을『모든 붇다가 보살피는 경(一切
諸佛所護念經』이라고 부르도록 일렀다. 그래서 표지에 이 경
의 본디 이름을 덧붙였다.

위에서 본 바와 같이 이『아미따경』은 이전에 나온 번역본과
크게 다르다. 그러므로 이미 나온『아미따경』으로 공부하고 기

도했던 불자들에게는 불편한 번역일 것으로 본다. 그러나 앞으로 새로운 세대의 불자들은 한문 위주의 경보다 훨씬 쉽게 이해할 수 있을 것이다.

사실 지금 이 경전을 '젊은 사람을 위해 내놓는다' 라고 하지만, 내용이 그렇게 쉽지 않다. 본디 이 번역본의 원고는 옮긴이의 연구 노트이기 때문이다.

2009~2012년 3년간 강원도 망경대산 만경사에 입산해서 정토선(염불선)을 수행할 때 원을 세워 정토 경전 3부를 우리말로 옮겼다. 수행의 틀로 삼은 염불이 무엇이고, 염하는 아미따불은 어떤 붇다이고, 가려는 극락은 어떤 곳인가를 알면서 수행해야 하기 때문이다. 『무량수경』의 아미따불이 48가지 바람을 통해 완성한 극락세계는 어떤 곳이고, 어떻게 해야 갈 수 있는지를 보는 교과서라면, 『아미따경』은 『무량수경』의 고갱이를 간추린 다이제스트 판이었다. 관상염불과 구제염불을 내용으로 한 『관무량수경』은 당장 수행에 적용하는 책이 아니라 애벌 번역만 해 놓고 깊이 들어가지는 않았다.

3부 가운데 특히 『아미따경』은 한 글자, 한 낱말을 철저하게 알아보고, 이해하고, 마음에 새기는 작업을 시작하였다. 그러기 위해서 이미 나와 있는 번역본을 모두 모아 맞대어 보고, 나중에는 우리나라에서 가장 먼저 세조가 번역한 『아미따경』을 비롯하여 조선조 후기 번역본까지도 찾아서 하나하나 비추어 보았다. 그러나 한문과 우리말 번역본만 가지고는 본디 참뜻을 알아내는 한계가 있었다.

결국 산스크리트와 빨리어를 공부하여 산스크리트 원본을 찬찬히 들여다보며 붇다 말씀을 한 낱말씩 갈라내서 철저하게 그 모든 뜻을 알아보고 낱말을 분해하여 속속들이 파고들었다. 그리고 1년 반 동안 하루도 빠지지 않고 새벽마다 읽고 새기고 고쳤다. 그러므로 이 경은 내 연구 노트고, 염불 수행의 지침이고, 기도문이었으며 발원문이었다.

2012년 하산하여 정토선 관련 책을 집필하면서 내 연구 노트를 정리하여 『아미따경』을 전자책(e-book)으로 냈다. 경전을 옮긴다는 것은 큰 책임이 뒤따르는 작업이므로 우선 내가 연구한 노트를 도반들과 공유하여 고쳐 나가기 위해서다. 2014년 6월 17일 'U-paper' 라는 책 유통회사에 글쓴이가 낸 책 5권을 올리면서 『아미따경』과 『만화로 보는 아미따경』도 올렸다(모두 무료).

이곳에 들어와 책을 찾는 사람들은 모두 젊은 사람들이므로 쉽게 손전화로 접할 수 있도록 특별히 모바일 용으로 편집하였다. 그리고 지금까지 한문을 풀이하는 방식의 해설을 산스크리트 원문과 대조하여 영어로 해설하는 방식을 취하였다. 실제로 산스크리트 원문이 인도·유럽 언어이고, 해설할 때도 산스크리트-영어 사전을 쓰기 때문에 젊은이들이 어려워하는 한자를 쓰지 않고 자연스럽게 영어로 설명하게 되어 있다. 요즈음 젊은이들이 한문은 꺼리고 피하지만 영어 해설은 더 쉽게 가까워지고 익숙해질 수 있기 때문이다.

　과연 젊은 사람들이 얼마나 관심을 가졌을까? 그동안 이 『아미따경』을 조회한 횟수가 1,669회이고 183명이 다운을 받아 갔다. 꽤 고무적인 결과였다. 2014년 『아미따경』을 낸 뒤, 이어서 정토에 관련된 책을 몇 권 더 냈다.

　①『정토와 선』, 맑은나라, 2014. 05. 30.
　②『극락과 정토선』, 맑은나라, 2015. 09. 30.
　③『극락 가는 사람들』, 맑은나라, 2015. 12. 25.
　④『만화로 읽는 아미따경』(번역), 맑은나라, 2015. 09. 30.
　⑤『아미타불 48대원』(공역), 비움과 소통, 2015.05.25
　⑥『아름다운 이별 행복한 죽음』(공역), 비움과 소통, 2015.10.23
　⑦『조념염불법』(공역), 비움과 소통, 2016.04.21
　⑧『극락과 염불』, 맑은나라, 2016. 04. 08.

그리고 최근 그동안 자료를 수집했던 『극락 간 사람들(韓國

往生傳)』을 마무리하면서 그 바탕이 되는 『아미따경』 수정판을 내기로 하였다. 꼼꼼히 다시 다듬고, 고치고, 해설을 더 했지만 붇다의 말씀을 전한다는 것은 늘 조심스럽다.

2022년 3월 31일

창천동 글방에서
보정 두 손 모음

1. 극락에 대한 오해

극락이란 무엇인가?

국어사전에서 찾아보면 '지극히 안락하고 아무 걱정이 없다고 하는 곳'이라고 나온다. 어디서 보면 기독교의 천당과 같은 곳이라고 나온다. 틀린 말이 아니다. 극락에 가면 괴로움이란 없고 즐거움만 있는 곳이다.

그러나 불교를 믿는 사람들이 극락에 가는 것은 즐거움만을 누리기 위해 가는 것이 아니다. 이것이 천당과 다른 것이다. 결론부터 이야기하면 극락은 '붇다가 되는(깨닫는) 과정'을 밟는 대학이다. 그것도 학사과정 3단계(하품 : 상·중·하품), 석사과정 3단계(중품 : 상·중·하품), 박사과정 3단계(상품 : 상·중·하품)란 단계가 있고, 마지막에는 박사학위(붇다)를 받는 것이 목적이다. 절대로 편하게 쉬러 가는 것이 목적이 아니다. 물론 그러므로 힘들다는 것은 아니다.

입학만 하면 평생 장학금이고, 다시 아래로 뒷걸음치지도 않는, 다시 말해 6도 윤회를 하지 않는 유토피아 대학이다. 이 아미따경을 보면 알 수 있다.

그렇다면 극락에서는 어떻게 공부하는 것인가?

이 아미따경에 보면 이 극락대학에서 공부하는 기막힌 방법이 나온다. 바로 물소리 새소리 바람소리가 모두 총장인 아미따불의 강의내용이다. 강의과목도 자세하게 나온다. 평소에 붇다를 새기고(念佛), 가르침을 새기고(念法), 쌍가를 새기(念僧)는 공부를 늘 하면서, 37가지 깨우침에 도움이 되는 여러 가지 과목(三十七助道)을 공부한다. 그 과목은 이 세상에서 수행하는 과목하고 다름이 없고, 이 세상에서도 다 공부하는 것이다. 이 아미따경을 보면 그 과목이 자세하게 나와 있다.

그렇다면 그렇게 좋은 극락을 어떻게 하면 갈 수 있겠는가?

흔히 정토를 닦는 데는 믿음(信) 바람(願) 닦음(行)이 극락 가는 가장 중요한 밑천이라고 한다. 어떤 믿음을 갖고, 어떻게 바라고, 어떻게 닦는가 하는 것이 이 짧은 아미따경에 아주 잘 나타나 있다. 좀 더 자세한 내용은 같은 '3가지 정토 경전(淨土三部經)' 가운데 하나인 『무량수경』에 실려 있다. 『무량수경』에 나타난 으뜸 동아리(上輩, 박사과정), 가운데 동아리(中輩, 석사과정), 아래 동아리(下輩, 학사과정)를 가려는 사람들을 위한 시험과목을 보면 다음과 같다.

1) 으뜸 동아리(上輩者) 입학 조건 - 박사과정,

① 집을 떠나 욕심을 버리고 스라마나(沙門)가 되어,

② 깨닫겠다는 마음을 내고(發菩提心),

③ 한결같이 무량수불만 새기고(念無量壽佛),

④ 갖가지 공덕을 닦으며(修諸功德),

⑤ 그 나라에 태어나고자 하는(願生彼國) 무리이다.

2) 가운데 동아리(中輩者) 입학 조건 - 석사과정,

① 스라마나가 되어 큰 공덕은 닦지는 못하더라도,

② 깨닫겠다는 마음을 내고(發菩提心),

③ 한결같이 무량수불만을 새기고(專念無量壽佛),

④ 착한 일도 조금 닦고(多少 修善), 계를 받들어 지키고(奉持齋戒), 탑과 불상을 세우고(起立塔像), 스라마나에게 먹을 것을 이바지하고(飯食沙門), 비단을 걸고 등불을 밝히고(懸繪然燈), 꽃 뿌리고 향을 사르며,

⑤ 이러한 공덕을 극락에 가서 태어나겠다는 바람에 회향하는 무리다.

3) 아래 동아리(下輩)란 - 학사과정,

① 설사 여러 가지 공덕功德을 닦지 못했다고 하더라도

② 위 없는 깨닫겠다는 마음을 내고(發菩提心),

③ 뜻을 오로지 하나로 합쳐(一向專意) 10번(乃至十念)까지 무량수불을 마음에 새기면서(念無量壽佛),

④ (복덕도 쌓지 못하는 사람이다. - 원문에 나오지 않는다.)

⑤ 그 나라에 태어나길 바라는 무리이다.

위에서 본 입시 과목(극락 가는 조건) 가운데 각 단계의 ②번은 깨닫겠다는 마음(붇다가 되겠다는 마음, 發菩提心)을 갖는 것으로 필수과목이라는 것을 볼 수 있다. 다시 말해 대학을 갈 때 반드시 박사학위까지 받겠다는 결심을 해야 한다는 것이다. 이것이 바로 극락에 가면 깨달을 수 있다는 믿음(信)이다. 불교에서 믿음이란 무조건 붇다를 믿으면 복 받는다는 것이 아니라, 우리도 붇다 말씀처럼 하면, 언젠가는 붇다가 될 수 있다고 스스로 속으로 결심하는 '굳은 믿음(確信)'이다. 이런 믿음이 있어야지만 다음에 나오는 뚜렷한 목표가 선다.

마지막 ⑤번은 극락에서 태어나는 것을 바라는 바람(願)인데, 아미따경에서는 이 '바람'을 아주 몇 번이고 강조한다. 이것도 필수과목이다. 우리가 차를 몰고 가더라도 어디를 가겠다는 목표가 없다면 절대로 그 목적지에 다다를 수 없는 것과 마찬가지로, '나는 극락 가서 붇다가 되겠다.' 라는 굳은 결심이 없으면 절대로 극락에 갈 수 없다. 그러므로 뚜렷한 목표를 세워 '꼭 가겠다.' 라는 바람(發願)을 갖는 것이 중요하고, 이런 결심이 얼마나 굳은가에 따라 다음에 보는 수행이 잘되느냐 안 되느냐가 결정된다.

마지막으로 닦는 수행(行)은 2가지가 있다. 하나는 ③번에서 보는 바와 같이 열심히 염불하는 것이고, 다른 하나는 ① 출가하여 공덕을 쌓거나 ④ 복덕을 쌓는 것이다. 여기서 ③번 염불하는 것은 당연히 필수과목이고, ①번과 ④번은 선택과목으로 이 선택과목은 어떤 과정을 목표로 하느냐에 따라 다르다. 각 단계에 따라 요구사항이 다르므로, 만일 바로 박사학위 과정으로 가고 싶으면 출가해서 공덕과 복덕을 열심히 쌓아야 하고, 만일 살면서 이 두 과목을 전혀 실천하지 못했으면 아랫동아리를 목표로 하면 되는 것이다.

2. 산스크리트와 한문 아미따경은 어떤 것이 있는가?

아미따경은 앞에서 본 것처럼 극락이란 어떤 곳이고 어떻게 갈 수 있는가를 아주 간결하면서도 뚜렷하게 그 길을 보여 주는 경전이다.

이 아미따경의 산스크리트 원문은 쑤카바띠뷰하(Sukhāvatīvyūha)다. 쑤카바띠(Sukhāvati)는 '기쁨이나 즐거움이 가득하다(full of joy or pleasure)'라는 뜻으로 한문으로 옮기면서 소리를 따서 수마제須摩提·수마갈須摩竭이라고 옮겼고, 뜻으로는 극락정토極樂淨土·극락국토極樂國土·서녘정토(西方淨土)·서녘(西方)·안양정토安養淨土·안양세계安養世界·안락국安樂國이라고 옮겼다.

경전에 수마제須摩提나 안양安養이 많이 나오는데 모두 극락을 뜻하는 것이다. 물론 서울 가까이 있는 '안양'이라는 도시 이름도 극락이란 뜻이고 불교에서 비롯되었다. 뷰하(vyūha)는 꾸밈(arrangement)이란 뜻이기 때문에 글자대로 옮긴다면 '기쁨으로만(full of joy) 꾸며짐(arrangement)' '기쁨(즐거움)만 있는 곳(나라)'이라고 옮길 수 있다. 한문으로 '극락(極樂, full of joy) 장엄莊嚴'이라고 옮겼다.

한편 아미따경의 내용을 잘 뜯어보면, 경 안에서 이미 이 경의 이름이 나와 있다는 것을 알 수 있다. 바로 이 경의 이름은

『모든 붇다가 보살피는 경(一切諸佛所護念經·諸佛所護念經)』이다. 위에서 보았듯이 이 경을 산스크리트로는 쑤카바띠뷰하(Sukhāvatīvyūha)라고 하는데, 똑같은 이름을 가진 경전이 2가지가 있다. 하나는 내용이 많고, 하나는 바로 이 아미따경으로 내용이 적다. 그래서 내용이 많은 것을 『큰 무량수경(大無量壽經·大經)』이라 하고, 이 『아미따경』을 『작은 무량수경(小無量壽經·小經)』이라고 한다. 아미따경은 무량수경을 줄인 것이라고 주장하는 학자가 있을 정도로 두 경은 내용이 비슷하다. 그만큼 무량수경의 고갱이(核心)를 간추린 경이라고 할 수 있다.

이 경은 3번 한문으로 옮겨졌다.

1) 꾸마라지바(Kumārajīva, 鳩摩羅什, 344~413) 옮김, 『불설아미따경(佛說阿彌陀經_』(『小經』), 402년쯤.
2) 구나바드라(Guṇabhadra, 求那跋陀羅, 394~468) 옮김, 『불설소무량수경(佛說小無量壽經)』, 455년쯤.
3) 현장(玄奬, 602?~664) 옮김, 『칭찬정토불섭수경(稱讚淨土佛攝受經)』, 650년.

이 가운데 구나바드라가 옮긴 것은 남아 있지 않기 때문에 이 아미따경을 옮길 때는 꾸마라지바의 번역본을 바탕으로 하고 현장의 번역을 샅샅이 견주어서 옮겼다.

　대부분의 다른 경전도 그렇지만 꾸마라지바가 402년쯤 산스크리트에서 한문으로 옮긴 뒤 산스크리트 원본은 사라져 버렸다. 그 뒤 18세기가 되어서야 네팔에서 28점이나 되는 산스크리트 본 아미따경이 발견되었다. 대부분 손으로 옮겨 쓴 것인데, 연대가 나타난 것 가운데 가장 오래된 것은 1,152년 또는 1,153년에 쓰인 것이다. 카트만두 국립고문서관에서 간직하고 있던 패엽경貝葉經인데, 패엽경이란 빧뜨라(pattra, 貝多羅)라는 나뭇잎에 바늘로 쓴 경전을 말한다. 네팔에서 나온 아미따경 가운데 1773년에 쓴 경을 1880년 4월 막스 뮐러(Max Müller, 1823~1900)가 널리 드러냄에 따라 활발한 연구가 시작되었다. 그리고 인도인 바이댜(P. L. Vaidya, 1891~1978)가 마틸라 산스크리트 연구소(the MathilaInstitute of sanskrit Research at darbhanga) 소장으로 있을 때 정리하여 펴낸 불교 산스크리트 원전(Buddhist ṣanskrit ṭexts) 시리즈 17권 속에 아미따경 원문이 들어 있다.

　막스 뮐러가 영어로 옮긴 것도 널리 알려져 있다.

Max Müller, The Smaller Sukhāvativyūha, Vol. 49, Part Ⅱ, Oxford, 1984.

　P. L. Vaidya, Buddhist Sanskrit Texts Vol. 17, Darbhanga, India, 1961.

이번 아미따경을 옮기면서 산스크리트 원본을 하나하나 꼼꼼하게 견주어 뜻을 새길 수 있어 행복하였다. 이때 승가대학에서 최종남 교수와 여러분이 함께 풀이해서 옮긴 범본·한역본·티베트어본『아미타경』(경서원, 2009)과 최봉수 박사가 옮긴『양본극락장엄경兩本極樂莊嚴經』(동산법문, 2000)이 크게 도움이 되었다.

3. 아미따경은 어떤 내용인가?

이 경의 원문에는 차례가 없다. 그러나 많은 사람이 이 경을 풀이하거나 옮기면서 작은 제목들을 달아서 쉽게 이해하도록 하였다. 그것은 차례만 보아도 전체 뜻을 쉽게 꿰뚫어 볼 수 있도록 하기 위한 것이다. 옮긴이도 2009~2012년 입산했을 때 아미따경 애벌 옮김을 한 뒤 1년 반 동안 매일 새벽 하루도 빼지않고 이 경을 읽고 새기면서 전체의 맥락을 쉽게 간추려 차례를 만들어 보았다. 아울러 제목 끝에 [믿음(信)] [바람(願)] [닦음(行)] [가서 태어남(往生)]이라는 4가지를 붙여 붇다께서 강조하신 참뜻을 쉽게 볼 수 있도록 했다.

앞에서 말했지만 믿음(信) 바람(願) 닦음(行)이라는 '3가지 밑천(三資糧)'을 장만하면 극락에 가서 태어날 수 있고(往生), 이렇게 극락에 가서 태어나는 그 결과를 열매(果)라고 한다. 곧 [믿음(信)+바람(願)+닦음(行)=가서 태어남(果)]이라는 등식이 성립되는데, [믿음(信)+바람(願)+닦음(行)]은 씨앗(因)이 되고 [가서태어남(往生)]은 열매(果)가 된다. 그러므로 씨앗이 없으면 열매가 열릴 수 없고, 씨앗을 심어 잘 가꾸면 반드시 열매가 열리게 되어 있다.

아미따경은 극히 간결하지만 붇다께서 그 안에 씨앗과 열매를 모두 보여 준 드문 경전이다. 이 번역본에는 절을 나누어 제목을 붙일 때 각 단계를 [믿음] [바람] [닦음] [가서 태어남] 같은 단계를 표시하여, 읽는 선남선녀들이 그 뜻을 더 깊이 새기도록 하였다. 따라서 경을 읽을 때 작은 제목들도 한꺼번에 읽으면 쉽게 그 단원이 주는 메시지를 알 수 있을 것이다. 다만 1, 2, 3 같은 번호와 [믿음] [바람] [닦음] [가서 태어남] 같은 말은 마음속으로만 새기고 소리 내서 읽지 않아도 된다.

전체 줄거리를 간추려 보면 다음과 같다.

1) 첫머리 - [믿음(信)]

이 첫머리에는 다른 대승경전과 마찬가지로 붇다가 이 경을 말씀하신 현장을 그리고 있다.

① 이 경을 말씀하신 분은 붇다이고,

② 이 경을 전하는 사람은 오랫동안 붇다를 직접 모신 아난다
　　이고,
③ 이 경을 말씀하신 곳은 스라바쓰띠 제따숲 베풂동산이고,
④ 이 경은 빅슈쌍가 1,250명과 여러 큰 보디쌑바들과, 하늘
　　나라 임금 사끄라를 비롯한 헤아릴 수 없이 많은 하늘나라
　　사람들도 함께 들었다.

이어서 이 경의 주제가 '극락'에 관한 것이라는 것을 분명히
하고, '그 나라 중생들은 괴로움이란 전혀 없고 온갖 즐거움만
누리기 때문에 극락이라 한다.'라고 해서 그 극락에 대한 정의
를 뚜렷하게 밝히고 있다.

이렇게 하므로 해서 이 경이 믿을 수 있는 경이라는 것을 강
조한 것이다.

2) 극락세계는 어떤 곳인가? - [믿음(信)]

이 장에서는 극락에 대해 구체적인 모습을 밝혀서 읽는 사람
이 믿음을 갖도록 해 준다.
(1) 극락세계의 모습 - 거리와 못을 비롯한 모든 것이 보석으
　　로 꾸며져 있다.

(2) 극락세계의 하루① - 1조 붇다께 이바지하며 편안하게 붇다가 되는 길을 닦는다.

(3) 극락세계의 하루② - 우아한 새소리와 산들바람이 나무와 그물을 흔들어 내는 미묘한 소리를 들으면, 5가지 뿌리 · 5가지 힘(力) · 7가지 깨치는 법 · 8가지 괴로움을 없애는 길 같은 가르침을 저절로 깨달아 알게 된다.

(4) 극락세계의 법왕 - 이곳을 다스리는 붇다인 아미따불은 가없는 빛(無邊光)과 그지없는 목숨(無量壽)이라는 뜻이고, 이미 아르한(阿羅漢)이 된 성문과 보디쌑바(菩薩)들이 수없이 많다.

이처럼 극락은 본바탕이 뛰어나게 잘 꾸며져 있다는 것을 밝혀 읽는 사람이 믿음을 갖도록 하였다.

3) 어떻게 해야 극락에 갈 수 있는가? - [믿음] [바람] [닦음] [가서 태어남]

그렇다면 어떻게 해야 이런 극락을 갈 수 있는가? 이 경에서 가장 고갱이(核心)를 이루는 부분이다.

(1) 극락 가는 길① [바람(願)] - 이곳에는 많은 괴로움이 있는 사하(娑婆) 세계와 달리 성문과 보디쌑바 같은 어진 사람

들과 함께 수행하기 때문에 그곳에 가서 태어나기만 하면 다시는 괴로움으로 떨어지지 않고 붇다가 될 수 있다. 그러므로 반드시 극락에 가서 태어나길 바라야 한다(願)는 것을 강조한다. 이것이 극락을 가기 위한 첫 조건이다.

(2) 극락 가는 길② [닦음(行)] - 두 번째 극락을 가기로 바라는 마음을 낸 사람은 열심히 붇다의 이름을 마음에 새겨야(念佛) 한다. 이것이 두 번째 조건이다.

"만일 선남·선녀가 아미따 붇다에 대한 설법을 듣고, 그 이름을 새기되 하루나 이틀이나 사흘이나 나흘이나 닷새나 엿새나 이레 동안 한마음 흐트러지지 않게 이어 가면, 그 사람의 목숨이 다할 때 아미따불이 여러 성인과 함께 그 앞에 나타나므로, 그 사람의 목숨이 끊일 때 마음이 무너지지 않고 바로 아미따불 극락세계에 가서 태어난다."

(3) 극락 가는 길③ [믿음(信)] - 이 경의 이름은 「모든 붇다가 보살피는 경(經)」이다. 그것은 지금 이 경을 말씀하시는 사까무니 붇다 뿐만 아니라 동서남북 위아래 사방의 모든 붇다들이 다 보살피는 경이기 때문이다. 그리고 그 모든 붇다들이 각자 자기 나라에서 이 경을 믿으라고 말씀하고 있다는 것을 말씀하므로 해서 더 굳은 믿음을 갖게 하였다.

(4) 극락 가는 길④ [마지막 당부] - 만일 이 경을 믿고 극락에

태어나길 바라게 되면 모든 붇다들의 보살핌을 받기 때문에 반드시 극락에 가서 태어난다. 그러므로 만일 믿음이 있다면 반드시 그 나라에 태어나길 바라는 마음을 내야 한다고 강조하고 있다.

4) 마무리 - [믿음] [바람]

(1) 앞에서 극락은 얼마나 좋고 어떻게 갈 수 있는가에 대해서 말씀하셨다. 그러나 너무 쉬운 방법이기 때문에 사람들이 믿지 않을 수 있다.

이렇게 믿기 어려운 경을 깨달아 중생에게 가르치는 일은 어려운 일이라는 것을 다시 일깨워 주어 굳은 믿음을 갖게 한다.

(2) 붇다가 이 경을 마치자 '사리뿌뜨라와 여러 빅슈들, 온갖 천신과 사람들, 그리고 아수라들이 붇다 말씀을 듣고 크게 기뻐하며 믿고 받아들인 뒤, 모두 기뻐하며 믿고 받아들였다.' 라고 마무리하여, 이 경을 읽는 사람들도 믿고 극락 가겠다는 마음을 내도록 마무리하고 있다.

5) 이 책은 전자책으로 펴낸다.

전자책을 읽을 수 있는 틀(뷰어)이 여러 가지가 있는데, 모든 틀에서 읽을 수 있게 하려면 글자꼴이 제한되어 있어 현재 상태에서는 불가능하였다. 어려운 한자가 많고 산스크리트나 기호가 붙은 라틴 글자는 표현할 수 없기 때문이다.

그래서 이번에는 손전화에서 볼 수 있는 pdf 파일 판을 먼저 펴낸다.

2014년 5월.

보정 서길수 두 손 모음

차례

가장 이른 때(2~3세기) 만든 관세음보살과 아미따 붇다의 모습 · 7
되박이 머리글 · 8
첫 출판 머리글 · 16

I. 새로 옮긴 모든 붇다가 보살피는 아미따경(독경편) · 35

II. 새로 옮긴 모든 붇다가 보살피는 아미따경(해설편) · 53
  I. 첫머리 · 63
    1) 붇다 스스로 마련한 법회 · 63
    2) 법회의 주제 - 아미따불 극락세계 · 91
  2. 극락세계는 어떤 곳인가? · 97
    1) 극락세계의 모습 - 보배로 꾸민 거리와 못 · 97
    2) 극락세계의 하루 ① - 1조 붇다께 이바지하며 닦는다. · 109
    3) 극락세계의 하루 ② - 새소리로 펴는 아미따불의 설법 · 111
    4) 극락세계의 법왕 - 가없는 빛과 그지없는 목숨, 아미따불 · 130
  3. 어떻게 해야 극락에 갈 수 있는가? · 135
    1) 극락 가는 길 ① [바람(願)] - 반드시 극락에 가서 태어나길 바라야 한다. · 135
    2) 극락 가는 길 ② [닦음(行)] - 한마음 흐트러짐 없이 염불해야 한다. · 140
    3) 극락 가는 길 ③ [믿음(信)] · 149
      (1) 동녘세계 붇다들 - 「모든 붇다가 보살피는 경(經)」을 믿어라. · 149
      (2) 남녘세계 붇다들 - 「모든 붇다가 보살피는 경(經)」을 믿어라. · 161
      (3) 서녘세계 붇다들 - 「모든 붇다가 보살피는 경(經)」을 믿어라. · 164
      (4) 북녘세계 붇다들 - 「모든 붇다가 보살피는 경(經)」을 믿어라. · 168

(5) 아랫녘세계 붇다들 -「모든 붇다가 보살피는 경(經)」을 믿어라. · 170

(6) 윗녘세계 붇다들 -「모든 붇다가 보살피는 경(經)」을 믿어라. · 172

4) 극락 가는 길 ④ [마지막 당부] - 반드시 믿고(信) 극락에 태어나길 바라야(願) 한다. · 178

4. 마무리 · 182

1) 사꺄무니 붇다는「믿기 어려운 경」을 말씀하였다. · 182

2) 모두 기뻐하며 믿고 받아들였다. · 189

Ⅲ. 아미따경 산스크리트 원문 · 한문 · 영문 · 191

1. 아미따경 산스크리트 원문 · 192

2. 佛說阿彌陀經 한문 원문(고리대장경) · 196

3. 아미따경 영문 · 203

Ⅳ. 꼬리말 · 217

1. 아미따경과의 인연 · 218

2. 파키스탄 간다라의 아미따 붇다 · 222

3. 천축국에서 아미따바 붇다의 자취를 찾다. · 226

4. 감사하는 마음 - 나모아미따불 · 232

옮긴이 약력 · 236

모든 붇다가 보살피는 **아미따경**

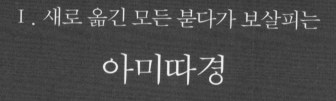

Ⅰ. 새로 옮긴 모든 붇다가 보살피는
아미따경

[독경편]

Ⅰ. 새로 옮긴 모든 붇다가 보살피는 아미따경(독경편)

1. 첫머리

1) 붇다 스스로 마련한 법회 [믿음]

이렇게 나는 들었다.

한 때 붇다께서 스라바쓰띠 제따숲 베품동산에서 큰 빅슈쌍가 1,250명과 함께 계셨는데, 모두 잘 알려진 큰 아르한들이었다.

장로 사리뿌뜨라 · 마하-마온갈랴야나 · 마하-까샤빠 · 마하-까탸야나 · 마하-꼬스틸라 · 레바따 · 쭈다빤타까 · 난다 · 아난다 · 라훌라 · 가방빠띠 · 삔돌라-바란바자 · 깔로다인 · 마하-깔삐나 · 박꿀라 · 아니룬다 같은 여러 큰 제자들과, 아울러 만주스리 법왕자·아지따 보디쌑바 · 간다하스띤 보디쌑바 · 항상정진 보디쌑바 같은 여러 큰 보디쌑바들과, 하늘나라 임금 사끄라를 비롯한 헤아릴 수 없이 많은 하늘나라 사람들도 함께하였다.

2) 법회의 주제 - 아미따불 극락세계 [믿음]

> 그때 붇다께서 사리뿌뜨라 장로에게 말씀하셨다. "여기서 서쪽으로 1조 붇다나라를 지나면 극락이라는 세계가 있는데, 그 나라에는 아미따라는 붇다가 계시고, 지금도 가르침을 펴고 계신다."
>
> "사리뿌뜨라여, 그 나라를 왜 극락이라 부르는지 아는가? 그 나라 중생들은 괴로움이란 전혀 없고 온갖 즐거움만 누리기 때문에 극락이라 한다."

2. 극락세계는 어떤 곳인가?

1) 극락세계의 모습 - 보배로 꾸민 거리와 못 [믿음]

"사리뿟뜨라여, 극락세계는 또 일곱 겹 다락집·일곱 겹 그물·일곱 겹 나무숲이 모두 네 가지 보석으로 두루 둘러싸여 있으므로 그 나라를 극락이라고 한다."

"사리뿟뜨라여, 극락에는 또 일곱 가지 보석으로 된 못 이 있는데, 그 안에는 여덟 가지 공덕의 물(八功德水)이 가 득 차 있고, 못 바닥은 온통 금모래가 깔려 있다. 네 가장 자리 계단과 길은 금·은·묘안석·수정으로 되어 있고, 그 위에 있는 다락집도 금·은·묘안석·수정·산호· 붉은 구슬·비취로 장엄하게 꾸며졌다. 못 속에는 수레 바퀴만 한 연꽃이 있는데, 푸른색은 푸른 빛, 노란색은 노 란빛, 붉은색은 붉은빛, 하얀색은 하얀빛이 나서 미묘하 고 향기롭고 깨끗하다."

"사리뿟뜨라여, 극락세계는 이처럼 본바탕이 뛰어나 게 잘 꾸며져 있다."

2) 극락세계의 하루① - 1조 붇다께 공양하며 닦는다. [믿음]

"사리뿌뜨라여, 또 그 붇다나라에는 늘 하늘음악이 울려 퍼지고, 땅은 황금으로 되어 있다. 밤낮 여섯 때 하늘에서 만다라 꽃비가 내리므로, 그 나라 중생들은 이른 아침이면 언제나 저마다 옷자락에 갖가지 예쁜 꽃을 받아 다른 나라에 가서 1조 붇다께 이바지하고, 끼니때가 되면 자기 나라로 돌아와서 밥 먹고 수행을 한다."

"사리뿌뜨라여, 극락세계는 이처럼 본바탕이 뛰어나게 잘 꾸며져 있다."

3) 극락세계의 하루② - 새소리로 펴는 아미따불의 설법 [믿음]

"사리뿌뜨라여, 또한 그 나라에는 늘 온갖 기묘한 빛깔의 새들이 있는데, 고니·공작·앵무·사리·깔라빙까·공명 같은 여러 새들이 밤낮 여섯 때 서로 어울려 우아한 소리를 낸다. 그 소리는 5가지 뿌리·5가지 힘(力)·7가지 깨치는 법·8가지 괴로움을 없애는 길 같은 가르침을 펴는 것이기 때문에, 이 소리를 들은 중생들은 모두 마음에 붇다를 새기고, 가르침을 새기고, 쌍가를 새긴다."

"사리뿌뜨라여, 이 새들이 실제로 죄를 지은 과보로 태어난 것이라 여겨서는 안된다. 왜냐하면 그 붇다나라에는 세 가지 나쁜 길이 없기 때문이다. 사리뿌뜨라여, 그 붇다나라에는 세 가지 나쁜 길이라는 이름도 없는데, 어떻게 실제로 (나쁜 길이) 있을 수 있겠느냐? 이 새들은 모두 아미따붇께서 가르침을 널리 펴고자 바꾸어 만든 것이다."

"사리뿌뜨라여, 저 붇다나라에는 산들바람이 온갖 보배 나무숲과 보배 그물을 흔들어 미묘한 소리를 내니, 마치 백·천 가지 음악이 한꺼번에 울려 퍼지는 것 같다. 이 소리를 듣는 이는 모두 붇다를 생각하고, 가르침을 생각하고, 쌍가를 생각하는 마음이 저절로 일어난다."
"사리뿌뜨라여, 그 붇다나라는 이처럼 본바탕이 뛰어나게 잘 꾸며져 있다."

4) 극락세계의 법왕 - 가없는 빛과 그지없는 목숨, 아미따불
[믿음]

"사리뿌뜨라여, 어떻게 생각하느냐? 저 붇다를 왜 아미따라고 부르겠느냐?"

"사리뿌뜨라여, 저 붇다의 밝고 환한 빛이 그지없어 시방세계를 두루 비추어도 걸림이 없으므로 아미따바라 부른다."

"사리뿌뜨라여, 또 저 붇다와 백성들의 목숨이 그지없고 가없어서 아미따윳이라 부른다."

"사리뿌뜨라여, 아미따불께서 붇다가 되신 지 이제 10 깔빠(劫)가 되었다."

"사리뿌뜨라여, 또 저 붇다에게는 그지없고 가없는 성문 제자들이 있는데, 모두 아르한이며, 수로 헤아려서는 알 수 없을 만큼 많다. 여러 보디쌑바들도 마찬가지다."

"사리뿌뜨라여, 저 붇다나라는 이처럼 본바탕이 뛰어나게 잘 꾸며져 있다."

3. 어떻게 해야 극락에 갈 수 있는가?

1) 극락 가는 길① [바람(願)] - 반드시 극락에 가서 태어나길 바라야 한다. [바람] [가서 태어남]

> "사리뿟뜨라여, 또한 극락세계 중생으로 태어나는 이들은 모두 물러서지 않는 자리에 이른 보디쌀바들이며, 그 가운데 한 번만 더 태어나면 (붇다가) 되는 보디쌀바들도 많다. 그 수가 너무 많아 헤아려서는 알 수가 없으며, 그지없고 가없어 셀 수가 없다."
>
> "사리뿟뜨라여, 이 말을 들은 중생들은 마땅히 그 나라에 태어나길 바라는 마음을 내야 한다. 왜냐하면 이처럼 어진 사람들과 한 곳에서 모두 함께 만날 수 있기 때문이다."

2) 극락 가는 길② [닦음(行)] - 한마음 흐트러짐 없는 염불 [믿음] [바람] [닦음] [가서 태어남]

"사리뿌뜨라여, 선근과 복덕을 적게 쌓은 인연으로는 그 나라에 태어날 수 없다."

"사리뿌뜨라여, 만일 선남·선녀가 아미따 붇다에 대한 설법을 듣고, 그 이름을 새기되 하루나 이틀이나 사흘이나 나흘이나 닷새나 엿새나 이레 동안 마음 흐트러지지 않게 이어 가면, 그 사람의 목숨이 다할 때 아미따불이 여러 성인과 함께 그 앞에 나타나기 때문에, 그 사람이 목숨이 끊일 때 마음이 무너지지 않고 바로 아미따불 극락세계에 가서 태어나게 된다."

"사리뿌뜨라여, 나는 그런 사실을 분명히 보았기 때문에 하는 말이니, 이 말을 들은 중생은 마땅히 그 나라에 태어나길 바라는 마음을 내야 한다."

3) 극락 가는 길③ [믿음(信)]

(1) 동녘세계 붇다들 - 「모든 붇다가 보살피는 경」을 믿어라.

[믿음]

"사리뿌뜨라여,

내가 지금 아미따불의 헤아릴 수 없는 공덕을 찬탄한 것처럼 동녘세계에는

악쏘뱌라는 붇다(阿閦鞞佛),

쑤메루 깃발이라는 붇다(須彌相佛),

큰 쑤메루라는 붇다(大須彌佛),

쑤메루 빛이라는 붇다(須彌光佛),

뛰어난 소리라는 붇다(妙音佛)같이

강가강(恒河)의 모래처럼 많은 여러 붇다가 각기 자기 나라에서 넓고 긴 혀의 모습(廣長舌相)으로 삼천 큰 천세계(千世界)를 두루 덮고, 실다운 말씀으로 '너희 중생들은 헤아릴 수 없는 공덕을 칭찬한 「모든 붇다가 보살피는 경(經)」을 반드시 믿어야 한다' 라고 말씀하신다."

(2) 남녘세계 붇다들 -「모든 붇다가 보살피는 경」을 믿어라.
　　[믿음]

> "사리뿌뜨라여, 남녘세계에는
>
> 해 · 달빛이라는 붇다(日月燈佛),
>
> 이름난 빛이라는 붇다(名聞光佛),
>
> 큰 빛의 바탕이라는 붇다(大焰肩佛),
>
> 쑤메루 등불이라는 붇다(須弥燈佛),
>
> 그지없는 정진이라는 붇다(无量精進佛)같이
>
> 강가강(恒河)의 모래처럼 많은 여러 붇다가 각기 자기
> 나라에서 넓고 긴 혀의 모습(廣長舌相)으로 삼천 큰 천세
> 계千世界를 두루 덮고, 실다운 말씀으로 '너희 중생들은
> 헤아릴 수 없는 공덕을 칭찬한「모든 붇다가 보살피는 경
> 經」을 반드시 믿어야 한다' 라고 말씀하신다."

(3) 서녘세계 붇다들 -「모든 붇다가 보살피는 경」을 믿어라.

   [믿음]

"사리뿓뜨라여, 서녘세계에는

그지없는 목숨이라는 붇다(無量壽佛),

그지없는 바탕이라는 붇다(无量相佛),

그지없는 깃발이라는 붇다(無量幢佛),

큰 빛이라는 붇다(大光佛),

큰 밝음이라는 붇다(大明佛),

보배깃발이라는 붇다(寶相佛),

맑게 비치는 빛이라는 붇다(淨光佛)같이

강가강(恒河)의 모래처럼 많은 여러 붇다가 각기 자기 나라에서 넓고 긴 혀의 모습(廣長舌相)으로 삼천 큰 천세계(千世界)를 두루 덮고, 실다운 말씀으로 '너희 중생들은 헤아릴 수 없는 공덕을 칭찬한「모든 붇다가 보살피는 경(經)」을 반드시 믿어야 한다' 라고 말씀하신다."

(4) 북녘세계 붇다들 - 「모든 붇다가 보살피는 경」을 믿어라.
　　[믿음]

"사리뿌뜨라여, 북녘세계에는

빛의 바탕이라는 붇다(焰肩佛),

거침없는 소리라는 붇다(寂勝音佛),

맞설 수 없음이라는 붇다(難沮佛),

해로 태어남이라는 붇다(日生佛),

빛나는 그물이라는 붇다(網明佛)같이

강가강(恒河)의 모래처럼 많은 여러 붇다가 각기 자기
나라에서 넓고 긴 혀의 모습(廣長舌相)으로 삼천 큰 천세
계千世界를 두루 덮고, 실다운 말씀으로 '너희 중생들은
헤아릴 수 없는 공덕을 칭찬한 「모든 붇다가 보살피는 경
經」을 반드시 믿어야 한다' 라고 말씀하신다."

(5) 아랫녘세계 붇다들 - 「모든 붇다가 보살피는 경」을 믿어
라. [믿음]

"사리뿌뜨라여, 아랫녘세계에는

사자라는 붇다(師子佛),

좋은 평판이라는 붇다(名聞佛),

이름난 빛이라는 붇다(名光佛),

다르마라는 붇다(達摩佛),

법의 깃발이라는 붇다(法幢佛),

법을 갖춤이라는 붇다(持法佛)같이

강가강(恒河)의 모래처럼 많은 여러 붇다가 각기 자기
나라에서 넓고 긴 혀의 모습(廣長舌相)으로 삼천 큰 천세
계(千世界)를 두루 덮고, 실다운 말씀으로 '너희 중생들은
헤아릴 수 없는 공덕을 칭찬한 「모든 붇다가 보살피는 경
經」을 반드시 믿어야 한다' 라고 말씀하신다."

(6) 윗녘세계 붇다들 - 「모든 붇다가 보살피는 경」을 믿어라.

[믿음]

"사리뿌뜨라여, 윗녘세계에는

브랗마의 소리라는 붇다(梵音佛),

별자리 임금이라는 붇다(宿王佛),

향기로운 임금이라는 붇다(香上佛),

향기로운 빛이라는 붇다(香光佛),

큰 빛의 바탕이라는 붇다(大焰肩佛),

보석과 꽃으로 꾸민 몸이라는 붇다(雜色寶華嚴身佛),

살라(śāla) 임금이라는 붇다(娑羅樹王佛),

보석 꽃 같은 덕이라는 붇다(寶華德佛),

모든 바른 도리를 봄이라는 붇다(見一切義佛),

쑤메루산 역량이라는 붇다(如須弥山佛)같이

강가강(恒河)의 모래처럼 많은 여러 붇다가 각기 자기 나라에서 넓고 긴 혀의 모습(廣長舌相)으로 삼천 큰 천세계千世界를 두루 덮고, 실다운 말씀으로 '너희 중생들은 헤아릴 수 없는 공덕을 칭찬한「모든 붇다가 보살피는 경經」을 반드시 믿어야 한다'라고 말씀하신다."

4) 극락 가는 길④ [마지막 당부] - 반드시 믿고 극락에 태어 나길 바라야 한다. [믿음] [바람] [닦음] [가서 태어남]

"사리뿌뜨라여, 어떻게 생각하는가? 왜 「모든 붇다가 보살피는 경」이라고 부르겠는가?"

"사리뿌뜨라여, 만일 어떤 선남선녀가 이 경을 듣고 받아 마음에 새기거나, 여러 붇다의 이름을 듣는다면, 그 선남선녀들은 모든 붇다들의 보살핌을 받아 모두 다 아눝따라-싸먁-쌈보디에서 물러서지 않는 자리를 얻기 때문이다."

"그러므로 사리뿌뜨라여, 여러분은 모두 내 말과 여러 붇다께서 하신 말씀을 반드시 믿고 받아들여야 한다."

"사리뿌뜨라여, 만일 이미 바라는 마음을 냈거나, 지금 바라는 마음을 내거나, 앞으로 바라는 마음을 내서 아미따 붇다의 나라에 태어나고자 하면, 이 사람들은 모두 아눝따라-싸먁-쌈보디에서 물러서지 않는 자리를 얻어 그 나라에 이미 태어났거나, 지금 태어나거나, 앞으로 태어날 것이다."

"그러므로 사리뿌뜨라여, 모든 선남선녀가 만일 믿음이 있다면, 반드시 그 나라에 태어나길 바라는 마음을 내야 한다."

4. 마무리

1) 사꺄무니 붇다는 「믿기 어려운 경」을 말씀하였다. [믿음]

> "사리뿌뜨라여, 내가 이제 여러 붇다들의 헤아릴 수 없는 공덕을 칭찬한 것처럼, 저 여러 붇다들도 나의 헤아릴 수 없는 공덕을 칭찬하기를, '사꺄무니 붇다는 매우 어렵고 드문 일을 해냈다.
>
> 세상이 끝판이 되고(劫濁) 삿된 생각으로 가득차고(見濁) 번뇌 때문에 어지럽고(煩惱濁) 죄와 불의에 물들고(衆生濁) 목숨은 줄어드는(命濁) 5가지 죄악으로 더럽혀진(五濁惡世) 싸하세계 속에서 아눋따라-싸먁-쌈보디를 얻고, 모든 중생을 위해 세상에서 믿기 어려운 가르침을 주셨다' 라고 하신다.
>
> "사리뿌뜨라여, 내가 5가지 더러움으로 물든 죄악의 세상에서 이처럼 어려운 일을 하여 아눋따라-싸먁-쌈보디를 얻고, 모든 세상을 위해 이처럼 믿기 어려운 가르침을 주는 것은 아주 어려운 일이라는 것을 마땅히 알아야 한다."

2) 모두 기뻐하며 믿고 받아들였다. [믿음] [바람]

> 붇다께서 이 경을 다 말씀하시자, 사리뿌뜨라와 여러 빅슈들, 온갖 천신과 사람들, 그리고 아수라들이 붇다 말씀을 듣고 크게 기뻐하며 믿고 받아들인 뒤, 절하고 물러 갔다.

『불설아미따경』

임인년(고려 고종 29년, 1242)

고려국 대장도감은 칙령을 받들어 새겨 만듦(1236~51년까지 주조).

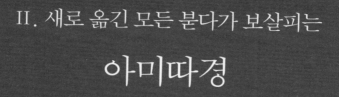

II. 새로 옮긴 모든 붇다가 보살피는

아미따경

[해설편]

Ⅱ. 새로 옮긴 모든 붇다가 보살피는 아미따경(해설편)

한문

佛說阿弥陁經

姚秦 龜玆三藏 鳩摩羅什 譯

옮긴 글

모든 붇다가 보살피는 아미따경

요진(姚秦) 꾸차 삼장 꾸마라지바 옮김

[Sanskrit]

सुखावतीव्यूहः

sukhāvatīvyūha   즐거움만 있는 나라(極樂)

‖ नमः सर्वज्ञाय ‖

namaḥ sarvajñāya   모든 것을 깨달은 분(一切智者)에게 귀의합
니다.[1]

---

1) 이 부분은 한문 번역에는 없으나 산스크리트 본에 따라 넣었다.

풀이

1) 아미따경(阿彌陀經)

지금까지 모두 '아미타경'이라고 옮겼는데, '아미따(amita, 阿彌陀)경'이라고 옮겼다. 산스크리트 글자에는 𑖝(ta, 따)와 𑖞 (tha, 타)라는 전혀 다른 글자가 있다. 그러므로 amita를 바른소리(正音)로 옮길 때 '𑖝(ta)=따'로 옮기지 않으면 'ami-ta(𑖝)'가 아닌 'ami-tha(𑖞)'가 되어 다른 낱말이 되어버리기 때문이다. 아미따 붇다는 '아미따(amita)+붇다(Buddha)'로 모두 산스크리트를 소리 나는 대로 한자로 옮긴 것이다.

산스크리트로 된 아미따경의 제목은 쑤카바띠-뷰하 (Sukhāvati-vyūha)다. 쑤카바띠(Sukhāvati)는 '기쁨이나 즐거움이 가득하다(full of joy or pleasure)'는 뜻으로 한문으로 극락極樂이라고 옮겼다. 뷰하(vyūha)는 분포(distribution) 배치·꾸밈 (arrangement) 정리(disposition)란 뜻이기 때문에 글자대로 옮긴다면 '기쁨으로만(full of joy) 꾸며짐(arrangement)' 또는 '기쁨만 갖춤'이라고 옮길 수 있으며, 이 경의 뜻을 살려 옮긴다면 '기쁨(즐거움)만 있는 곳(나라)'이라고 옮길 수 있다. 한문으로 '극락極樂(full of joy) 장엄莊嚴'이라고 옮겼다.

이 산스크리트 제목은 같은 정토삼부경 가운데 하나인『무량수경』도 같으므로, 두 경을 구별하기 위해『무량수경』을『큰 무량수경(大無量壽經)』(또는『큰 경(大經)』), 아미따경을『작은 무량수경(小無量壽經)』(또는 『작은 경(小經)』)이라 부른다. 현장玄奘은 『칭찬정토불섭수경稱讚淨土佛攝受經』이라고 옮겼고, 티베트 말로는 『거룩한 극락장엄이라는 대승경전(Arya-Sukhāvativyūha-vyūhanāma mahāyāna Sūtra)』이라고 옮겼다.

산스크리트나 다른 번역본에는 '아미따불'이라는 이름이 없다. 여기서 말하는 아미따불이 산스크리트 원본에서는 '아미따윳(Amitāyus, 無量壽) 여래(Tathāgata, 如來)' 또는 '아미따바(Amitābha, 無量光) 여래(Tathāgata, 如來)'라고 쓰여 있다. 그런데 꾸마라지바가 두 가지 낱말의 공통분모인 아미따(Amita, 阿彌陀)에 붇다(Buddha, 佛陀)의 약자인 불佛자를 부쳐 아미따불(阿彌陀佛)이란 새로운 낱말을 만들어 냈다. 그러므로 우리가 아미따불을 부를 때는 반드시 '그지없는 목숨(아미따윳, Amitāyus, 無量壽)' '그지없는 빛(아미따바. Amitābha, 無量光)'이라는 낱말 가운데 '목숨'이나 '빛'을 생략하고 공통분모만 가지고 만든 낱말이라는 것을 마음속에 두고 새겨야 한다. 그렇지 않고, 글자 그대로 새기면 '그지없이 많은(Amita, 無量) 붇다(Buddha, 佛)'라는 엉뚱한 뜻이 되어버리기 때문이다.

더 심각한 문제는 '아미따(amita, 阿彌陀)'를 더 줄여서 '미따(mita, 彌陀)'로 쓰고 있다는 것이다. '아미따윳(Amitāyus, 無量壽) → 아미따(Amita) → 미따(mita)'로 줄어들면서 그 뜻이 '그지없는 목숨(無量壽) → 그지없는(無量) → 모자란(不足)'으로 뜻이 달라져 버린다. 산스크리트에서 미따(mita)란 낱말은 빈약한(scanty, 貧弱)·작은(little, 小)·모자란(short, 不足)·짧은(brief, 短) 같은 뜻이 있다. 결국 '미따불(彌陀佛)'이란 '빈약한 붇다' '작은 붇다' '모자란 붇다' '짧은 붇다'라는 말도 안 되는 번역이 되어버리기 때문에 우리가 흔히 쓰는 '미타불' '미타정사' '미타삼존'이란 말은 삼가는 것이 좋다. 산스크리트에서 앞가지 [a-]는 영어의 in-이나 un-과 같이 부정(negative), 반대(contrary sence)를 나타내는데, 홀소리(모음) 앞에는 [an-]을 쓴다.

보기 : mita(작은·짧은) → a-mita(가없는, 끝없는); sat(좋은) → a-sat(나쁜); ant(끝) → an-ant(끝없는).

2) 진(秦, 384~417)나라

진나라는 5호五胡 16국十六國 가운데 한 나라인데, 요姚 씨가 다스렸다고 해서 요진姚秦이라고 하였다. 지나支那는 역사에는 전국시대 진시황의 진秦나라를 비롯하여 5호 16국 시대의 전진前秦·후진後秦·서진西秦 같은 많은 진나라가 있어 왕의 성을 써서 구별한다. 그 가운데 요진은 5호 16국시대의 후진後秦을 말하는 것이다. 5호(5胡)는 동한東漢에서 남북국시대까지 북방 민족들이 지배하던 시대로 흉노匈奴, 갈羯, 선비鮮卑, 저氐, 강羌 같은 민족들이 지배한 나라들인데, 후진은 강羌족이 세운 나라

로 한족漢族 정권이 아니다. 짧은 기간(34년)이지만 장안(현재
서안)에 도읍하였다.

3) 꾸차나라(산스크리트 : Kucīna, 龜玆)

꾸차나라는 한나라 때부터 서역의 한 나라로 알려졌는데, 서
역과 장안을 잇는 중요한 목이었다. 한문 기록에 구자龜玆라고
많이 나오고, 구자丘玆 · 귀자歸玆 · 굴지屈支 · 구지낭俱支曩 · 구
이拘夷 · 곡선曲先 · 고차苦叉라는 이름으로 불렸으며, 현재는 쿠
처(庫車, kùchē)라는 도시로, 천산 남로의 중요한 도성이다. 3세
기부터 불교가 성한 이곳을 7세기에 찾아간 현장玄奘은 "절이
100곳이 넘고 스님은 5,000명이 넘는데 소승의 가르침인 설일
체유부를 익히고 배우고 있다. 불교의 교리와 계율은 천축에서
배워 와서 이를 따르고 있는데, 그들이 익히고 낭독하는 것은
바로 천축국의 원문 그대로이다."라고 하였고, 8세기에 찾아간
혜초는 "문자는 인도에서 가져다 쓰고 있는데, 약간의 차이가
있다."라고 하였다. 현장이 갔을 때까지만 해도 불교에서 인도
의 산스크리트를 그대로 쓰고 있었으나 1세기 뒤 혜초가 갔을
때는 이미 많은 세월이 지나 약간 차이가 있었다고 보고하고 있
다.

4) 삼장(tripiṭakācārya, 三藏法師)

삼장법사를 줄인 말이다. 3장이란 경·율·논을 말하는 것으로 이 3가지 모두에 정통한 고승을 삼장법사라고 하였다. 삼장비구三藏比丘, 삼장성사三藏聖師라고도 하는데, 일찍이 인도에서 쓰였던 낱말이고, 치나(支那)에서는 주로 경전을 한어漢語말로 옮긴 국내외 고승들을 삼장법사 또는 삼장이라고 하였다. 특히 당나라의 현장은 '현장삼장' 또는 '당삼장' 이라고 해서 유명하다.

5) 꾸마라지바

꾸마라지바(Kumārajīva, 鳩摩羅什, 313~413), 꾸차(Kucha, 龜茲)나라 스님. 꾸마라지바는 진秦나라가 꾸차국을 점령했을 때 진나라로 와서 후진後秦 왕 요흥姚興의 극진한 대접을 받으며 장안에서 대품반야경大品般若經, 묘법연화경, 아미따경 같은 경전을 번역하였다. 특히 삼론三論 중관中觀의 불교를 널리 펴, 삼론종三論宗을 처음 세운 조사祖師가 되었다.

6) 고유명사를 옮기는 원칙

앞으로 사람 이름이나 땅이름처럼 고유명사를 한자로 옮길 때 뜻으로 옮기지(意譯) 않고 소리 나는 대로 옮긴 것(音譯)은 산스크리트 본디 소리를 찾아 그대로 살린다. 불경을 가장 많이 옮긴 현장玄奘은 '5가지 번역하지 않은 것(五種不飜)'이라고 해서 다음 5가지는 뜻으로 옮기지(意譯) 않고 소리 나는 대로 옮겼다(音譯). ①다라니(dhāraṇī, 摠持) 같은 주문, ② 바가반(Bhagavān, 婆伽梵, 世尊) 같은 홀이름씨(固有名詞), ③ 잠부(jambu, 閻浮) 같이 인도에만 있는 나무, ④ 아눋따라-싸먁-쌈보디(anuttara-samyak-saṁbodhi, 阿耨多羅三藐三菩提) 같은 가장 높은 깨달음을 표현한 용어, ⑤ 쁘랏냐(prajñā, 빨리어=ℙ 빤냐 paññā, 般若)처럼 불교만 가지고 있는 독특한 용어 같은 5가지다.

그러나 한자는 소리글자(表音文字)가 아니고 뜻글자(表意文字)이기 때문에 소리 나는 대로 적는다는 것이 매우 어려웠다. 인도유럽 계통의 소리글자인 산스크리트는 자음이 여러 개 겹치는 경우가 많고, 한자음으로는 도저히 나타낼 수 없는 낱말이 많았는데, 그런 경우 '몇 글자 합해 한 소리내기(二合, 三合)' '첫 낱소리(音素)와 뒤 낱소리를 합해 한 소리 내기(半切)' 같은 어려운 방법을 통해 간신히 해결하였다. 그러나 시대가 바뀌면서 이런 법칙들이 지켜지지 않게 되었고, 나라와 왕권이 여러 번 바뀌어 수도가 옮겨지면서 표준어가 달라지고, 나라가 넓어 지역에 따라 전혀 다른 소리로 읽으면서 번역할 때의 소리와 전혀 다른 소리를 내게 되었다. 특히 현재의 표준어라고 할 수 있는 보통화普通話는 3~5세기 경전을 번역할 당시의 읽는 법과 완전히 달라 마치 다른 나라 말 같은 경우가 많다. 한국은 여기서 한발 더 나아가 한국식 한문으로 읽어 버려 본디 산스크리트와는 완전히 다른 소리를 내게 되었다. 세종이 완전 소리글인 '백성을 가르치는(訓民) 바른 소리(正音)'를 만들었으나 아직 불교계에서는 그 좋은 점을 살리지 못하였다.

그러므로 이 번역에서는 될 수 있는 대로 위에서 본 '5가지'는 산스크리트 원음을 함께 곁들이고, 그 소리를 '바른 소리(訓民正音)' 쓰는 법에 따라 옮기기로 한 것이다. 처음에는 어색해도 습관이 되면 더 친근감을 느낄 것이며, 특히 유럽 말을 배운 새로운 세대에게는 틀린 한자음보다 더 쉬울 것이고, 불교를 국제화하는 데도 크게 도움이 되리라고 본다.

해설 과정에서 '중국中國'은 7세기 산스크리트 사전에 따라 치나(Cīna, 支那)라고 쓴다. 역사에는 한·위·촉·오·진·위·수·당·요·금·송·원·명·청 같은 한 글자 이름만 있었고 '중국'이라는 나라이름은 없었다. '중국'이란 '가운데 나라'라는 뜻으로 법현이나 현장의 『대당서역기』 기록에 보면 모두 불교의 발상지 인도를 중국이라고 했다. 중국은 나라 이름이 아니고 자기 나라가 중심이 되는 나라라고 교만을 부릴 때 쓰는 이름이고, 우리나라 고리·조선시대처럼 큰 나라를 섬기는 사대事大할 때 쓰는 용어다. 우리나라 고구리(高句麗)·고리(高麗)도 고구려·고려라 하지 않고 당시 쓰이던 고구리·고리로 쓴다. [서길수, 『고구려의 본디 이름 고구리(高句麗)』(여유당, 2019)와 『세계 속의 고리(高句麗)』(맑은나라, 2020) 참조].

1. 첫머리

1) 붇다 스스로 마련한 법회 [믿음]

한문

如是我聞.

一時 佛 在舍衛國祇樹給孤獨園, 與大比丘僧 千二百五十人 俱, 皆是大阿羅漢 衆所知識.

옮긴 글

이렇게 나는 들었다.

한 때 붇다(佛)께서 스라바쓰띠(舍衛國) 제따숲 베풂동산에서 큰 빅슈쌍가(bhikṣusaṃgha, 比丘僧伽) 1,250명과 함께 계셨는데, 모두 잘 알려진 큰 아르한들이었다.

풀이

(1) 이렇게 나는 들었다(如是我聞)

산스크리트 evaṃ mayā śrutaṃ(빨리어의 evaṃ me sutaṃ)을 우리말로 옮긴 것이다. 한문 경전에서는 여시아문如是我聞 · 아문여시我聞如是 · 문여시聞如是라고 옮겼다. 사꺄무니 붇다가 세상을 뜬 뒤 붇다가 말씀하신 가르침을 모아 경전을 만들 때, 붇다를 가장 오래 모셨던 아난다(Ānanda)가 스스로 들은 가르침을 외며 모든 경전의 첫머리를 '이렇게 나는 들었다(evaṃ mayā śrutaṃ)'로 시작하여 다른 외도의 경전과 구별하였다. '이렇게(evaṃ, 如是)'는 경전에 쓰인 내용이 '사꺄무니께서 몸소 말씀하신 것'이라는 것을 가리키는 것이고, '나는 들었다(mayā śrutaṃ, 我聞)'는 사꺄무니께서 말씀하신 것을 경전을 편집하는 '아난다가 스스로 직접 들은 것'이라는 것을 가리킨다. 또 '이렇게'는 스스로 들은 가르침을 '믿고 따른다'는 것을 뜻하고, '나는 들었다'는 것은 '그 믿음을 굳게 지킨다'는 것을 말하는 것이다.

(2) 붇다(Buddha, 빨리어=Ⓟ 같음, 佛)

산스크리트 본에는 바가받(bhagavat, Ⓟ bhagavā·bhagavant, 世尊)이라고 되어 있는데, 꾸마라지바는 '불佛'이라고 옮기고, 현장玄奘은 '박가범薄伽梵'이라고 원문에 쓰인 낱말을 그대로 소리 나는 대로 옮겼다. 그 밖에 이 경에는 따타가따(tathāgata, Ⓟ 같음, 如來)라는 낱말도 많이 나오는데, 현장은 여래如來라고 옮기고 꾸마라지바는 이 낱말도 붇다(佛)라고 옮겼다. 다시 말해 바가받(世尊)이나 따타가따(如來)나 모두 붇다로 옮겼는데, 이

두 가지는 모두 붇다의 10가지 이름 가운데 하나이기 때문에 여기서는 꾸마라지바의 뜻대로 붇다로 통일한다.

꾸마라지바가 옮긴 '불佛'이란 불타佛陀를 줄여서 쓰는 말인데, 불타佛陀는 산스크리트 붇다(Buddha)를 소리 나는 대로 옮긴 것이다. 꾸마라지바를 비롯한 수많은 역경가들이 번역할 당시(6세기 앞뒤)는 '佛陀=budə=부더'로 원음인 붇더(Buddha)와 거의 같은 소리를 냈다. 본디 산스크리트의 [a] 소리는 영어의 썬(sun)을 읽을 때 'u'의 소릿값인 어[ʌ]이기 때문에 Buddha는 (붇)더[dʌ]에 가깝다. 그러나 오늘날의 한어漢語 사전에는 '붇다(Buddha)=포투어(fótuó)'라는 완전히 다른 소릿값으로 정착되었다. 치나(支那)는 현재도 크게 8개 권역으로 나뉘어 쓰여 말이 서로 통하지 않을 정도로 심하게 달라 표준어인 보통화를 쓰지 않으면 대화가 어려운 실정이다. 따라서 같은 한자를 쓰더라도 지역에 따라 전혀 다른 소리를 냈을 것이고, 시대에 따라 서울이 변하면서 소리도 달라질 수밖에 없는 것이다. 지금의 보통화는 북경을 비롯한 허베이(河北) 지역 말을 으뜸으로 삼았기 때문에 경을 옮길 당시의 서울인 낙양이나 장안(현재의 西安) 말과는 다를 수밖에 없고, 아울러 1500년이란 세월이 흐르면서 한문 읽는 법 자체가 완전히 변해 버린 것이다. 한편 한문이 갖는 속성 때문에 소리 나는 대로 옮긴 외래어들을 한 글자나 두 글자로 줄여서 쓰면서 '불타佛陀→불佛'로 줄여서 쓰기 시작하였고, 이에 따라 'fótuó(佛陀)=fó(佛)' 란 낱말로 자리 잡게 되었으며, 오늘날의 작은 중국어 사전에는 아예 붇다(佛陀)라는 낱말이 사라져 '붇다(Buddha)=포(fó)' 라고만 쓰이는 사전이 대부분이다.

이 점은 한국에서도 마찬가지다. '붇다(Buddha)=불타(Bulta, 佛陀)' 로 바뀌고, 줄여서 '붇다(Buddha)=불(Bul, 佛)' 이라는 완전히 다른 낱말로 바뀌어버렸다. 그런데다 한국에서는 다시 '부처' 또는 '부처님' 이라는 낱말이 생기게 되었다. 그렇다면 이 '부처' 라는 낱말은 어디서 비롯된 것인가? 바로 붇다(佛陀)를 우리식으로 읽는 과정에서 생겨난 낱말이다. 훈민정음이 반포된 뒤 얼마 되지 않아 훈민정음으로 옮겨진 『아미타경언해』를 보면 '불타(佛陀)=부텨' 라고 쓰고 있다.

그리고 나중에 입천장소리되기(口蓋音化) 과정을 거쳐 '부텨→부처' 로 바뀐 것이다. 그러므로 한국에서는 '붇다(Buddha)=부처(Buchŏ)' 가 되어 두 번째 소리마디(音節)가 완전히 바뀌어 버리고, 거기다 높임의 뜻을 나타내는 '-님' 을 덧붙여 '붇다(Buddha)=부처님(Buchŏnim)' 이 된 것이다.

서양 학자들에 의해 산스크리트와 빨리어로 된 문헌이 발굴되고 연구되면서 비로소 1500년 전 한자로 옮긴 본디 소리가 밝혀지기 시작하였다. 그리고 불타·불·부텨·붓다·붇다 같은 갖가지 바뀐 소리들의 본디 소리가 붇다(Buddha)라는 것이 밝혀졌다. 특히 붇다(Buddha)라는 낱말은 이미 영어를 비롯하여 많은 나라에서 사전에 실려 국제적으로 일반화되었기 때문에 앞으로 한국에서도 이런 추세에 따라 본디 소리에 가까운 '붇다'를 쓰는 것이 바람직하다고 생각한다.

최근 한국에서도 '붇다'와 '붓다'라는 두 가지 낱말이 많이 쓰이고 있다. 글쓴이는 그 가운데 본디 소리와 가장 가까운 '붇다'를 쓰기로 하였으며, 읽는 이들에게도 '붇다'를 추천하는데, 그 이유는 다음과 같다.

① 산스크리트에서는 bu(ु)+ddha(ुु)라는 두 글자로 구성되지만, 실제로 우리가 읽을 때 Bud-dha라는 두 소리마디(音節)로 읽는 것이 쉽다. 첫 소리마디 Bud을 훈민정음(앞으로는 정음으로 줄여 '바른 소리'라 한다)으로 옮기면 첫소리(初聲) 'b=ㅂ', 가운뎃소리(中聲=홀소리) 'u=우', 끝소리(받침, 終聲) 'd=ㄷ'이기 때문에 'bud=붇'으로 옮겨야만 바른 소리 맞춤법에 맞다. 그래야만 본디 소리에 가장 가깝고, 아울러 바른 소리로 옮긴 '붇'을 다시 산스크리트로 옮길 때도 정확하게 'bud'이라고 되돌릴 수 있기 때문이다. 이 점은 소리문자(表音文字)인 한글이 갖는 빼어난 점으로, 뜻글자(表意文字)인 중국어와 음절글자인 일본어로는 불가능한 일이기 때문에 우리는 자부심을 가지고 이

런 한글의 장점을 잘 살려야 할 것이다.

② 많이 쓰이고 있는 '붓다' 는 ㅅ이 '부' 와 '다' 의 '사잇소리'
로 잘못 알고 쓴 것이기 때문이다. 사잇소리란 2개 이상의
이름씨(名詞)를 붙여 만든 겹이름씨(複合名詞) 따위에서
두 말(形態素) 사이에서 덧나는 소리를 말한다. 곧 앞말의
끝소리가 홀소리인 경우는 'ㅅ' 을 받치어 적고, 닿소리인
경우는 이를 표시하지 않는다(홀소리 보기 : 냇가, 콧날, 잇
몸, 촛불 / 닿소리 보기 : 손등, 길가, 들것). 그러나 붇다
(bud-dha)는 하나의 이름씨이고, 2개의 이름씨를 붙여 만
든 겹이름씨가 아니므로 사잇소리를 쓸 수가 없기 때문에
'붓다' 는 잘못 옮겨 적은 것이다.

③ 한국말에서 '붓다' 보다 '붇다' 의 뜻이 더 바람직하다. '붓
다' 는 '살가죽이 퉁퉁 부어오르다.' '액체나 가루 따위를
쏟다' 라는 뜻이고, '붇다' 는 '물에 젖어 부피가 커지다.'
'분량이 늘어나다' 라는 뜻이다.

(3) 스라바쓰띠(Śrāvastī, Sāvattī, 舍衛國)

꼬쌀라(Kosalā, 憍薩羅)라는 나라의 서울이다. 처음 성이었다
가 나라로 발전하였는데, 붇다가 살아 계실 때 쁘라쎄나짇
(Prasenajit, P Pasenadi, 波斯匿)왕과 비루다까(Virūḍhaka, 毘瑠
璃·瑠璃)왕이 다스렸다. 한문 경전에서는 사위성舍衛城 또는 사

위국舍衛國이라고 옮겼는데 꾸마라지바는 사위국이라고 옮겼다.

　한국에서는 사위성이라고 많이 알려져 있고 최근에는 '슈라바스티'라고 많이 쓰고 있다. 'Śrā=슈라'라고 읽은 것이다. 그러나 'Śrā=스라'라고 읽는 것이 바람직하다. 한국어의 'ㅅ'은 영어의 'sh[ʃ]'와 가깝고 영어의 's'는 한국어의 'ㅆ'과 같은 소리를 내기 때문이다. 그리고 '슈=Śu'이기 때문에 'u'라는 홀소리(母音)가 없을 때는 당연히 '스'라고 읽어야 한다. 'va=와'로 읽는 경우가 많은데 'va=바'로 읽었다. 산스크리트 사전이나 문법책을 보면, "영어의 'v'와 같은 소릿값을 갖는다. 다만 앞 글자가 자음과 결합된 경우는 (반모음) 'w'처럼 읽는다. 입술소리(脣音)인 'b'와 구별하지 못하고 뒤섞이거나 바뀌는 경우가 많다 (having the sound of the English v, except when forming the last member of a conjunct consonant, in which case it is pronounced like w; it is oen confounded and interchanged with the labial consonant b)"라고 되어 있다. 'va'처럼 자음과 겹치지 않으면 영어의 'v'로 읽고, 'tva'처럼 닿소리(자음)와 겹쳐지면 'twa=뜨와·똬'처럼 반모음으로 읽는다는 것이다. 그러므로 스라바쓰띠의 'va=바'로 읽는 것이 바람직하다. 앞에서 극락을 산스크리트로 읽을 때 뷰하(vyūha)라는 낱말이 나왔다. 이때 만일 v=w라면 반모음 v와 y가 겹쳐 vyu=wyu라는 소릿값이 되어 읽기조차 힘들게 된다.

그러므로 이때는 '닿소리 v+반모음 y'로 새겨 뷰하(vyūha)로 읽어야 할 것이다.

다만 '바'는 두 입술을 맞대서 내는 'ba'와 같으므로 'va=바'는 윗니로 아랫입술을 가볍게 스치며 내는 것이 좋다. 이 소리는 영어를 비롯한 유럽 말을 배운 젊은이들은 쉽게 낼 수 있을 것이다. 현재는 없었지만 조선시대『진언집』을 보면 'ba=바', 'va=ᄫᅡ'라고 되어 있어 뚜렷이 구분하였다. 마지막 'ṭ'를 '티'로 읽지 않고 '띠'로 읽은 것은 앞에서 본 바와 같이 산스크리트에서는 't=ㄸ' 'th=ㅌ'으로 소리내기 때문이다.

(4) 제따숲 베풂동산

(Jetavana-anāthapiṇḍasya-ārāma, 祇樹給孤獨園)

스라바쓰띠 남쪽 1마일 지점에 있는 동산으로 우리가 많이 아는 제따절(기원정사祇園精舍)은 이 안에 있다.

처음 불교에 입문하여 금강경을 열심히 읽으며 늘 걸리는 낱말이 기수급고독원祇樹給孤獨園이라는 대목이다. 평소 한문을 읽으면 머리에서는 그 뜻을 새기는 습관이 된 옮긴이로서는 늘 여기서 한 박자를 쉬어가게 된다. 도무지 무슨 뜻인지 알 수가 없었기 때문이다. 정년퇴직하고 3년간 공부하면서 산스크리트에 입문하고 나서야 그 의문을 제대로 풀 수 있었다.

기수급고독원祇樹給孤獨園은 제따의 숲(祇樹)+베풀다(給孤獨)+동산(園)을 합친 낱말이다. 먼저 '제따숲(祇樹)'이란 제따-바나(jeta-vana)를 옮긴 것으로 제따(jeta, 祇陀)는 스라바쓰띠의 왕자 이름으로 '이긴 사람(勝利者)'이란 뜻이고, 바나(vana, 樹林)는 숲이라는 뜻이므로, 제따-바나(jeta-vana)는 제따 숲이라는 뜻이다. 한자로 옮기면 기타수림祇陀樹林인데 줄여서 기수祇樹라고 한 것이다. 급고독給孤獨이란 아나타삔다쌰(anāthapiṇḍasya)를 옮긴 것으로 기댈 것이 없는 사람들에게 베푸는 사람이란 뜻이다. 그리고 아라마(ārāma)는 기쁨(delight) 즐거움(pleasure) 즐거운 곳(place of pleasure), 뜰(garden), 작은 숲(grove) 같은 뜻을 가지고 있는데, 여기서는 제따 숲속에 있는 작은 숲(grove)이라는 뜻에서 동산이라고 옮겼다. 동산이란 '집이나 마을에 이웃해 있는 작은 산'이라는 우리말이기 때문에 딱 들어맞는다.

어느 날 쑤닫따(Sudatta, 須達多) 장자가 서울에 가서 붇다의 설법을 듣고 감동하여 자기 고향인 스라바쓰띠에 절을 지어 붇다를 모시기로 마음먹고 알맞은 자리를 찾은 곳이 바로 제따(Jeta, 祇陀)라는 태자의 숲(vana, 樹林)이었다. 그러나 부자인 태자는 팔 생각이 없었기 때문에 '이 땅에 황금을 다 깔면 팔겠다'라고 하였고, 쑤닫따(Sudatta, 須達多) 장자는 그 말대로 수많은 수레에 황금을 싣고 깔기 시작하였다. 쑤닫따의 믿음에 감

동한 태자가 이 땅을 이바지하여 함께 절을 지어 붇다에게 바쳤으므로 두 사람의 이름을 따서 붙인 이름이다.

우리나라에서 기원정사祇園精舍로 잘 알려진 이 절은 붇다가 22년간 머무시면서 자신의 가르침을 체계화했던 곳이다. 지금도 당시 모습을 발굴하여 3500년 유적으로는 꽤 잘 보존되어 있다.

(5) 빅슈쌍가(bhikṣu-saṃgha ⓟ bhikkhū-saṅgha, 比丘僧)

빅슈(bhikṣu ⓟ bhikkhū, 比丘)는 붇다가 제자들을 부를 때 가장 많이 쓴 낱말이다. 빅슈(bhikṣu, 比丘)는 본디 빌어먹는 사람(begger, 乞食者), 동냥아치(mendicant)를 뜻하는데, 특히 브랗마나(婆羅門)들의 4가지 삶 가운데 마지막 단계를 그렇게 불렀다(산-영사전 : esp. a Brāhman in the fourth śrama or period of his life, when he subsists entirely on alms). 브랗마나들은 4가지 단계의 삶(āśrama, 四住期)을 살아가는데, ① 브랗마 배우는 시기(brahmacārin, 梵行期). 학생 시기(8~20살)라고도 하는데, 아이가 8살이 되면 집을 떠나 스승으로부터 베다(veda, 브랗만교 경전)와 제사의식을 배운다. ② 집에 사는 시기(gṛhastha, 家住期). 가정생활을 하면서 결혼하고 조상의 제사도 지내며 세속의 일을 한다. ③ 숲에서 닦는 시기(vānaprastha, 林棲期) . 나이가 들어 아들딸들이 다 크면 집을 버리고 산속에 숨어 살며 여러 가지 어려운 수행을 하여 몸과 마음을 닦아 영혼 해탈을 준비하는 시기. ④ 떠나는 시기(saṃnyāsin, 遁世期). 모든 재산을 버리고 여기저기 떠돌아다니며 얻어 먹으며 살아간다. 5가지 계율을 철저하게 지킨다. 이 마지막 시기의 브랗마나를 빅슈(bhikṣu, 比丘) · 스라마나(śramaṇa, 沙門) · 떠돌이(parivrājaka)라고 불렀다.

불교 경전에서도 이 3가지 낱말을 그대로 쓰고 있는데, 브랗마나(婆羅門)가 아닌 모든 수행자를 스라마나(śramaṇa, 沙門)나 떠돌이(parivrājaka)라고 부르고, 붇다로부터 구족계를 받은 제자들을 빅슈(bhikṣu, 比丘)라고 불렀다. 산스크리트는 빅슈, 빨리어는 빅쿠이고, 한자로 비구比丘라고 옮겼는데 한국식으로 비구比丘라고 읽은 것이다. 그러므로 비구比丘는 소리로 옮기기 어려운 뜻글자(表意文字)인 한자로 옮긴 것을 다시 한국식으로 읽은 것이기 때문에 소리글자(表音文字)인 바른 소리(正音)로 정확히 옮길 필요가 있고, 그것이 바로 '빅슈' 다. 빨리어 빅쿠가 더 비구에 가깝지만 여기서는 원문이 산스크리트이기 때문에 빅슈라고 옮긴다.

쌍가(saṃgha, 僧伽)는 모임 · 집단(衆) · 공동체(any number of people living together for a certain purpose, society, association, community)라는 뜻이다. 한자로 승가僧伽라고 옮겼는데, 한문

의 속성 때문에 한 글자로 승僧이라고 줄여서 쓰게 되었고, 나중에는 빅슈들의 단체를 뜻하는 승僧이 빅슈(比丘)와 같은 뜻으로 잘못 쓰이게 되었다. 원래 빅슈(比丘)들의 공동체, 또는 더 넓은 뜻에서 신도들을 포함한 4부 대중(빅슈, 빅슈니, 선남, 선녀)의 불교단체 전부를 일컫는 것이었는데 승僧=빅슈(比丘)라고 그릇 전해지게 된 것이다. 만일 '승僧=빅슈(比丘)' 라고 한다면 빅슈쌍가(bhikṣu-saṃgha)는 '빅슈빅슈(比丘比丘)' 로 옮겨야 하는 모순이 생긴다. 그러므로 빅슈쌍가(bhikṣu-saṃgha), 곧 빅슈로 이루어진 쌍가(모임, 동아리, 공동체)라고 옮긴 것이다.

최근 중화인민공화국에서는 쌍가에 해당하는 것은 승가僧家, 일본에서는 주로 승단僧團이라는 낱말을 많이 쓰고 있다. 그러나 이 경우도 승僧=빅슈(比丘)라는 뜻에다 공동체를 뜻하는 가家나 단團을 덧붙인 것이기 때문에 바르지 않다. 한국에서는 모두 '승=빅슈=중=스님' 이라고 그릇되게 부르고 있으므로 본디 음에 따라 쌍가(saṃgha)라고 하였다. 산스크리트 본 빅슈-쌍가(bhikṣu-saṃgha)를 꾸마라지바는 비구승比丘僧으로, 현장玄奘은 필추중芯芻衆이라고 옮겼다. 이때 승僧이나 중衆은 모두 쌍가(saṃgha, 僧伽)를 뜻하는 것이지 우리가 흔히 부르는 '스님(bhikṣu, 比丘)' 을 뜻하는 것이 아니라는 것은 앞에서 본 설명과 같다.

청화스님『정토삼부경』에서는 '비구 대중' 이라고 옮겼고, 최종남 외 『아미타경 한글 역주』에는 비구승比丘僧은 '비구승들', 필추중苾芻衆은 '필추(=比丘)의 무리들'이라고 옮겼다. '승'이나 '무리' 자체가 복수로 모인 공동체를 뜻하는데, 거기다 다시 복수 어미 '들'을 붙인 것은 올바른 것이 아니다.

각묵 스님의 『금강경 역해』 해설에서는 '상가'라고 옮겼는데, 대역에서는 한문 그대로 승가僧伽라 하였다. 여기서 '상가'라고 하지 않고 '쌍가'라고 옮긴 것은 2가지 이유 때문이다. ① '상가'라고 옮길 경우, 붇다를 아우른 빅슈들의 모임이 우리말의 초상집(喪家)이나 가게 거리(商街)와 같은 소리가 되어 피하고, ② 두 번째는 음성학적 이유 때문이다. 앞에서도 잠깐 이야기했듯이 한국어의 'ㅅ'은 영어의 'sh[ʃ]'와 같고 영어의 's'는 한국어의 'ㅆ'과 같은 소리를 내기 때문이다. 얼마 전 대승불교가 일어나고 불상이 처음 만들어진 파키스탄 간다라 지역에 갔을 때 현지 사람에게 '내일은 모헨조다로가 있는 신드(Sindh)주에 간다'라고 했더니, 몇 번을 되풀이해도 어디를 간다는 것인지 못 알아들었다. 그래서 '씬드(Sindh)'에 간다고 했더니 바로 알아들었다. 신드는 Shind로 들리기 때문이다.

※ 이 경을 번역하면서 산스크리트와 티베트어로 된 내용은 최종남 외, 『한글 역주 아미타경』(경서원, 2009)을 참조하였다. 산스크리트 원문을 비롯하여 티베트어 역본까지 문

장을 철저하게 분석해 놓았기 때문에 관심 있으신 분들은 참고하시기 바란다. 한문본은 중화전자불전협회^{中華電子}佛典協會(Chinese Buddhist Electronic Text Association, CBETA)에서 나온 DVD를 썼다.

(6) 아르한[arhan, arhat(원형), P arahant, 阿羅漢]

산스크리트 아르한(arhat)의 단수 주격인 하르한(arhan)을 소리 나는 대로 옮긴 것이다. 한자로는 'ar-'라는 소리마디(音節)를 정확하게 옮길 수 없으므로 '阿羅'로 옮긴 것을 한국식으로 '아라'라고 읽은 것이다. 바른 소리(正音)로는 보다 더 정확하게 아르(ar)라고 읽을 수 있으므로 '아라'보다는 '아르'로 정확하게 소리 내는 것이 좋다. 이때도 '아르'를 한 소리마디로 해야 하므로 '르'를 아주 짧게 소리 내야 한다. 앞으로 이 경에서는 '아르한'으로 옮긴다.

성문이 깨닫는 과정이 스로따-아빤나(srota-āpanna, P sotāpanna, 須陀洹)·싸끄릳-아가민(sakṛd-āgāmin, P sakad-āgāmin, 斯陀含)·안-아가민(anāgāmin, 阿那含)·아르한(阿羅漢) 4단계가 있는데, 그 가운데 가장 윗자리가 아르한이다. 3계의 번뇌(견혹과 미혹)를 모두 끊고 닦음이 완성되어 존경과 공양을 받을 수 있는 지위를 얻은 분을 말한다. 아르한은 '공양을 받을(應供) 자격이 있는 분'이라는 뜻으로 최고의 깨달음을 얻은 이를 말한다.

한문

長老舍利弗 摩訶目乾連 摩訶迦葉 摩訶迦栴延 摩訶拘
絺羅 離婆多 周梨槃陀迦 難陀 阿難陀 羅睺羅 憍梵波提
賓頭盧頗羅墮 迦留陀夷 摩訶劫賓那 薄俱羅 阿㝹樓馱 如
是等 諸大弟子, 幷諸菩薩摩訶薩 文殊師利法王子 阿逸多
菩薩 乾陀訶提菩薩 常精進菩薩 與如是等 諸大菩薩 及釋
提桓因等 無量諸天大衆 俱.

옮긴 글

장로 사리뿌뜨라(舍利弗)·마하-마운갈랴야나(摩訶目乾
連)·마하-까샤빠(摩訶迦葉)·마하-까탸야나(摩訶迦栴延)·
마하-꼬스틸라(摩訶拘絺羅)·레바따(離婆多)·쭈다빤타까(周
梨槃陀迦)·난다(難陀)·아난다(阿難陀)·라훌라(羅睺羅)·
가방빠띠(憍梵波提)·삔돌라-바랃바자(賓頭盧頗羅墮)·깔로
다인(迦留陀夷)·마하-깔삐나(摩訶劫賓那)·박꿀라(薄俱
羅)·아니룯다(阿㝹樓馱) 같은 여러 큰 제자들과, 아울러 만주
스리(文殊師利) 법왕자(法王子)·아지따(阿逸多) 보디쌀바·간
다-하스띤(乾陀訶提) 보디쌀바·항상정진 보디쌀바(常精進) 같
은 여러 큰 보디쌀바들과, 하늘나라 임금 사끄라(帝釋天)를 비

롯한 헤아릴 수 없이 많은 하늘나라 사람들도 함께하였다.

(1) 사리뿌뜨라(Śāriputra, P Sāriputta, 舍利弗)

우리가 흔히 사리불舍利弗이라 불렀던 붇다 10대 제자 가운데 한 분이다. 지혜 으뜸 제자이다. 한자로는 사리불다舍利弗多 · 사리불라舍利弗羅 · 사리불달라舍利弗怛羅 · 사리불다라舍利弗多羅 따위로 옮겼는데, 모두 본디말은 사리뿌뜨라다. 줄여서 부르기 좋아하는 치나에서 사리불舍利弗이라고 불러 불완전한 소리로 자리 잡았다. 사리자舍利子는 Śāri(소리 나는 대로 舍利)+putra(뜻에 따라 子)를 합친 것이다.

(2) 마하-마욷갈랴야나

(Mahā-Maudgalyāyana, P Moggallāna, 摩訶目乾連)

붇다 10대 제자로 신통 으뜸이다. 마하(Mahā, 摩訶)는 크다 (大)는 뜻. 한자로 마하목건련摩訶目犍連 · 대목건련大目犍連 · 대목건련大目乾連 · 대목련大目連 · 목련目連 따위로 옮겼다. 사리뿌뜨라와 함께 싼자야(Sañjaya, 刪闍耶)라는 외도의 제자로 있다가 함께 붇다의 제자가 되어 모두 가장 뛰어난 제자가 되었다.

(3) 마하-까샤삐(Mahā-kāśyapa, Ⓟ Mahā-kassapa, 摩訶迦葉)

붇다 10대 제자로 두타(dhūta, 頭陁) 으뜸이다. 두타는 갖은 어려움 속에서 불도를 닦는 것. 붇다가 깨달은 지 3년 되는 해에 제자가 되어 8일 만에 아르한의 경지에 올랐다. 붇다가 입멸한 뒤 교단을 이끌어 첫 번째 경전을 결집하였다.

(4) 마하-까탸야나

(Mahākātyāyana, Ⓟ Mahākaccāyana, 摩訶迦栴延)

붇다 10대 제자로 논의論議 으뜸이다. 붇다 입멸 뒤에도 열심히 대중을 가르치고 외도들과 토론하여 설득하였기 때문에 제자들 가운데 논의 으뜸이라고 한 것이다.

(5) 마하-꼬스틸라(Mahākausṭhila, Ⓟ Mahākoṭṭhita, 摩訶拘絺羅)

붇다 10대 제자로 문답 으뜸이다. 꼬스틸라는 큰 무릎(大膝) 또는 크게 이김(大勝)이라는 뜻이고, 사리뿌뜨라의 외삼촌이다. 붇다 따라 출가하여 아르한과를 얻고 5가지 바탕이 모두 공하다는 이치(五蘊皆空之理)를 깨달았기 때문에 '공을 깨달은 분(悟空)'이라 일컬었다. 꼬스틸라가 그리드라봉(Gṛdhrakūṭa, 靈鷲山)에 있을 때 사리뿌뜨라가 와서 12인연의 뜻을 묻자 꼬스틸라가 하나하나 대답하자, 사리뿌뜨라가 그 지혜를 찬탄하였기 때문에 문답 으뜸이 되었다.

(6) 레바따(Revata, 離婆多)

늘 선정에 들어 마음이 안정되어 있었기 때문에 붇다 제자 가운데 선정禪定으뜸이라 일컫는다. 사리뿌뜨라의 동생이다. 비를 피해 신사에서 잘 때 두 귀신이 다투어 송장을 먹는 것을 보고 사람의 몸이 헛된 곡두(幻)인 것을 알고 붇다를 찾아와 사람 몸뚱이란 4가지 요소가 잠시 합해진 것이라는 이치를 듣고 출가하여 도를 얻었다.

(7) 쭈다빤타까(Cūḍapanthaka, Cullapatka ℗ Cullapanthaka, Cūḷapanthaka)

한자로 주다반탁가朱茶半託迦, 주리반타가周梨槃陁迦 따위로 옮겼는데 정확한 본디 소리는 쭈다빤타까이다. 부모가 여행하다가 길에서 맏아들을 낳아 길이란 뜻인 '빤타까' 라 부르고, 뒤에 다시 길에서 둘째 아들을 낳자 '작은 길' 이란 뜻을 가진 쭈다-빤타까라고 불렀다. 형제가 모두 붇다의 제자가 되었는데, 형은 슬기로웠지만 동생은 어리석었다. 쭈다빤타까는 붇다 제자 가운데 가장 어리석고 둔했으나 끝내 아르한과를 얻은 제자로 유명하다. 16나한 가운데 마지막 나한이다.

(8) 난다(Nanda, 難陁)

붇다의 배다른 동생으로, 키 크고 잘 생겨 30상相을 갖추었다

고 한다. 출가한 뒤에도 아름다운 아내 순다라(Sundara, 孫陀
羅)를 못 잊어 집으로 돌아가려 하자 붇다가 방편으로 하늘나
라의 즐거움과 지옥의 괴로움을 보여 주어 애욕을 끊고 아르한
이 되었다. 같은 붇다 제자 가운데 소를 기르던 난다와 구별하
기 위해 각기 '소 기르던 난다(牧牛難陀), 순다라(라는 부인을
가진) 난다((Sundara-Nanda)' 라고 부른다.

(9) 아난다(Ānanda, 阿難陀)

한문으로 옮긴 경전에는 흔히 줄여서 아난阿難이라고 부른
다. 붇다의 사촌 동생이다. 출가한 뒤 붇다를 20년 이상 모셨으
므로 붇다 10대 제자 가운데 보고 들은 것이 가장 많은 데(多聞)
으뜸이다. 8살에 출가하였는데 모습이 뛰어나게 잘생겨 많은
여인들의 유혹을 받았으나 붇다의 도움을 받아 몸을 잘 지킬 수
있었다. 붇다가 살아계실 때 깨닫지 못해 붇다가 입멸할 때 슬
퍼서 크게 울었다고 해서 비판을 받았다. 그 뒤 마하까샤빠의
가르침을 받아 깨우쳐 첫 경전 결집 때 경문을 외우는 사람으로
뽑혀 크게 이바지하였다.

(10) 라훌라(Rāhula, 羅睺羅)

붇다 출가 전 아들이다. 라훌라는 이름은 '막아서 가린다
(障蔽)' 는 뜻인데, 라훌라라는 아수라왕이 달을 가릴 때 태어났

기 때문이라는 설, 잉태하고 6년 만에 태어나서 붙인 이름이라는 설, 붇다가 출가하려 할 때 아들이 태어나 출가를 가로막는다고 해서 붙인 이름이라는 설처럼 여러 가지가 있다. 15세에 출가하여 사리뿌뜨라와 마하-마옹갈랴야나를 스승으로 모시고 공부했는데, 붇다의 아들이라고 해서 함부로 하다가 붇다로부터 심한 꾸지람을 받고 열심히 정진하여 아르한이 되어 붇다 10대 제자 가운데 오로지 불도에만 힘쓰는 닦음(密行) 으뜸이라 불린다.

(11) 가방빠띠(Gavāṃpati, ⓟ Gavaṃpati, 憍梵波提)

붇다 제자 가운데 계율을 풀이하는 데(解律) 으뜸이었다. 일찍이 사리뿌뜨라의 지도를 받았다. 과거세에 벼 한 줄기를 따 먹고 500살이(生) 동안 소의 몸을 받았기 때문에 늘 소 같은 버릇이 남아 있어 '소 모습을 한 빅슈(牛相比丘)' 라고 불렀다.

(12) 삔돌라-바랃바자(Piṇḍola-bhāradvāja, 賓頭盧頗羅墮)

붇다 제자로 삔돌라는 이름이고 바랃바자는 성이다. 어려서 출가하여 아르한이 되었는데, 왕사성에서 신통을 보이다가 외도의 비웃음을 받자 붇다가 제자로 받아들였다. 붇다 입멸 뒤 붇다의 명을 받아 남인도 마리산에서 중생을 제도하며 말세의 공양을 받아 대복전大福田이 되었으므로 이 세상에 머무는(住

世) 아르한이라고 일컫는다. 후세에 인도 소승 절에서 삔돌라 상을 모셨고, 치나에서는 동진(東晉, 317~419) 때 도안道安이 처음으로 16나한 가운데 한 분으로 받들어 모셨다. 한국에서도 독성獨聖, 나반존자那畔尊者라고 부르며 모시는 절이 많다.

(13) 깔로다인(Kālodāyin, P Kāḷudāyin, 迦留陁夷)

붇다 제자로 피부가 검고 빛난다고 해서 붙은 이름. 깔로다인은 붇다 제자들 가운데 말썽을 많이 피운 6제자(六群比丘) 가운데 하나였다고 한다.

검은 얼굴인 깔로다인은 늘 컴컴한 밤에 밥을 빌러 다녔는데, 임신한 부인이 번개 칠 때 이 모습을 보고 귀신이 왔다고 놀라 유산을 하였다. 나중에 붇다의 제자가 되었다는 것을 듣고 그 부인이 심하게 욕지거리를 했다는 것을 안 붇다가 '한낮이 지나면 밥을 빌지 못하게 하는 계(過午不得乞食之戒)'를 만들었다고 한다.

(14) 마하-깔삐나

(Mahākalpina, P Mahākapphiṇa, 摩訶劫賓那)

붇다의 제자 가운데 천문·별자리(知星宿)에 대하여 으뜸이다. 부모가 28개 별자리 가운데 4번째인 방수房宿라는 별자리에 빌어서 났다는 설, 어느 날 깔삐나가 붇다에게 가려다 비가 와

서 못 가고 옹기장이 집에서 자고 있을 때 붇다가 늙은 빅슈로
나투어 함께 묵으면서 도를 깨닫게 했다는 설이 있다.

(15) 박꿀라(Vakkula, Bakkula ⓟ Bakkula, Bākula, 薄俱羅)
　　붇다 제자로 얼굴과 몸매가 매우 단정하였으며, 한 번도 앓은
일이 없고, 늘 한적한 곳에서 수양하는 것을 좋아하였다. 어렸
을 때 의붓어머니에게 5번이나 죽을 고비를 넘겼지만 160세까
지 살아 붇다 제자 가운데 가장 오래 살았다.

(16) 아니룯다(Aniruddha, ⓟ Anuruddha, 阿㝹樓馱)
　　붇다 10대 제자. 붇다의 아버지인 숟도다나(Śuddhodana, ⓟ
Suddhodana, 淨飯王)의 동생인 암리또다나(Amṛtodana, ⓟ
Amitodana, 甘露飯王)의 둘째 아들, 곧 붇다의 사촌 아우다. 붇
다가 자기 나라에 왔을 때, 난다, 아난다, 데바들과 함께 출가하
였다. 붇다 앞에서 졸다가 꾸지람을 듣고 여러 날을 자지 않고
밤새도록 수도하다 눈이 멀었으나, 나중에 하늘눈(天眼通)을
얻어 제자 가운데 하늘눈(天眼) 으뜸이 되었다. 경전을 결집할
때 장로로서 도운 공이 컸다.

(17) 만주스리(Mañjuśri, 文殊師利) 법왕자(法王子)
　　대승의 4대 보디쌀바(菩薩) 가운데 한 분이다. 만주(Mañju)

는 묘하다(妙)라는 뜻이고 스리(śrī)는 머리(頭)·덕德·좋은 조짐(吉祥)이라는 뜻으로, 지혜가 뛰어난 보디쌑바로 알려져 있다. 법왕자는 꾸마라부따(kumārabhūta)를 뜻으로 옮긴 것으로 보디쌑바를 뜻한다. 붇다를 법왕이라고 하므로 다음에 붇다 자리에 오를 보디쌑바를 법왕자라 한다. 흔히 보디쌑바 가운데 으뜸인 만주(文殊) 보디쌑바를 가리키는 경우가 많다.

현재 한어(漢語)에서는 文殊를 '원수(wénshū)' 라고 읽고 한국에서는 '문수(munsu)' 라고 읽지만 6세기 고대음에서는 만주(Mañju)에 가깝게 소리 냈다. 고대음에서는 뮌주(mwənźu)나 먼주(mənźu)라고 발음했는데, 산스크리트의 'a' 소리는 '어' 에 가깝기 때문이다. 그러나 '야' 와 '어' 소리는 서로 넘나들기 때문에 '만주' 라고 발음해도 크게 틀린 것이 아니다. 우리가 '만주' 라는 낱말을 들으면 바로 청나라의 만주족과 만주 땅을 생각하게 된다. 그런데 실제 불심이 깊은 청나라 조정이 민족 이름을 지을 때 '만주(文殊)' 보디쌑바를 민족 이름으로 골랐다는 설이 있다. 우리가 흔히 문수사리 보디쌑바라고 할 때 사리는 śrī(師利)를 한국식으로 읽은 것인데, 'śrī=스리' 라고 읽는 것이 정확하다. 따라서 문수사리 보디쌑바는 만주스리 보디쌑바라고 불러야 한다.

(18) 아지따(Ajita, 阿逸多) 보디쌑바

　마이뜨레야(Maitreya, ⓟ Metteyya, 彌勒) 보디쌑바를 말하는 것으로, 한자로 매달려야(梅呾麗耶)·말달구리야(末怛口利耶)·미저루迷底屨·미제례彌帝禮라고 옮겼다. 흔히 '미륵彌勒'이라고 부르는데, 소리나 뜻 어느 쪽을 보아도 '륵勒' 자가 없어 그 어원을 자세히 알 수 없다. 마이뜨레야(Maitreya)는 자씨慈氏라는 뜻이고, 이름 아지따(Ajita, 阿逸多)는 정복하지 못한(un-subdued, 無勝), 정복할 수 없는, 무적(invincible, 莫勝)이라는 뜻이다. 따라서 아지따보디쌑바, 마이뜨레야보디쌑바, 미륵보디쌑바, 자씨보디쌑바, 아일다보디쌑바(한국식 읽기)는 모두 같은 보디쌑바이다. 인도 바라나씨(Vārāṇasī·Vāraṇasī·Vārāṇasī·Varaṇasī, ⓟ Bārāṇasī, 波羅奈斯國)의 브랗마나 집에서 태어나 샤꺄무니의 교화를 받고, 미래 성불할 것이라는 수기를 받은 뒤 샤꺄무니보다 먼저 입멸하여 도솔천에 올라가 하늘에서 하늘 사람들을 교화하고 있는데, 샤꺄무니 열반 뒤 56억 7천만 년을 지나면 다시 싸하세계로 내려오신다고 한다. 그때 화림원華林園 용화수龍華樹 아래서 성도하여 3번 설법으로 석존의 교화에서 빠진 모든 중생을 제도한다고 한다.

(19) 보디쌑바(bodhisattva, ⓟ bodhi-satta, 菩薩)

　우리가 흔히 많이 부르는 '보살菩薩'은 산스크리트 보디쌑바

(bodhisattva)를 소리 나는 대로 옮긴 것이다. 처음에 한문으로 옮길 때 보리살타(菩提薩埵, 또는 菩提索多·冒地薩怛縛)라고 옮겼다.

보디(菩提)는 산스크리트에서 지혜를 뜻하는 보디(bodhi)를 옮긴 것인데, 한국에서는 '보리' 라고 읽는다(보디심[菩提心]= 보리심). 한자에서 '제提' 자는 지금도 [ti]나 [di]로 읽지 '리(ri, li)' 로 읽은 보기가 없다. 그렇다면 한국에서는 왜 '디=리' 로 읽게 되었는가? 조선시대까지는 '뎨' 로 읽어 '보뎨' 라고 읽었는데, 만일 '보뎨' 를 구개음화로 하면 '보제' 가 되어 여자 성기와 비슷한 소리가 나기 때문에 '보리' 로 하지 않았는가 하는 생각이 든다.

보제살타菩提薩埵 · 보제섹다菩提索多 · 모지살달박冒地薩怛縛 들은 모두 보다쌑뜨와(bodhisattva)에 가까운 소리를 냈을 것이다. 많이 변화했다는 현재 중화인민공화국의 보통화에서도 菩提薩埵=뿌띠싸뚜어(pu-di-sa-duo)로 원음에 제법 가깝다. 그것을 한국식 한자 소리로 읽기 때문에 '보리살타' 라는 전혀 다른 낱말이 되어 버린다. 그런데다 한어漢語에서는 운이나 글자 수를 맞추기 위해 낱말을 줄이는 습관이 있어 보제살타菩提薩埵를 보살菩薩로 줄여서 썼고, 그것이 우리나라에 와서는 보디쌑바= 보살이라는 낱말로 쓰이게 되었다.

현재 영어에서도 Bodhisattva[bòudisætvə, -wə]로 일반화되고,

그밖에 다른 언어에도 사전에 올림말로 올라 국제화되고 있으므로 우리도 본디 소리와 너무 다른 '보살(Bosal)'이라는 낱말 대신 보디쌑바를 써야 한다고 보고, 이 경에서는 소리 나는 대로 보디쌑바라고 옮긴다. 산스크리트에서 쌑바(sattva)는 생명·사람(being)·존재(existence)를 나타내는 낱말로 불교에서는 중생衆生이나 유정有情이라는 말로 옮겼다. 그러므로 보디쌑바는 '지혜를 깨치려는 중생'이라는 뜻인데 한자에서는 '도를 구하는, 큰 깨우침을 구하는 사람(求道求大覺之人)·도를 구하는 큰마음을 가진 사람(求道之大心人)이라고 새겼다.

(20) 간다-하스띤(Gandha-hastin, 乾陀訶提) 보디쌑바

간다 하스띤(Gandha-hastin)은 관자놀이에서 향기 나는 액체를 분비하는 아주 힘이 센 코끼리를 말하는 것으로, '향내 나는 코끼리(香象)'라고 옮긴다. 그래서 한자 뜻으로는 향내 나는 코끼리 보디쌑바(香象菩薩)라고 옮겼는데, 현세의 대겁(賢劫) 16존자 가운데 한 보디쌑바이다.

(21) 항상정진(Nityodyukta, 常精進) 보디쌑바

산스크리트 니또듁따(Nityodyukta)에서 니따(Nitya)는 잇따른(continual), 끊임 없는(perpetual), 끝없는(eternal), 변함없는(constantly) 같은 뜻으로 한자로는 항상(恒常)이라고 옮길 수 있

다. 산스크리트-영어 사전에는 니또 듁 따(Nityo-dyukta)가 '늘 활동적인(always energetic)' 이란 뜻으로 나와 있는데, 꾸마라지바는 '늘 정진하는(常精進)' 보디쌑바라고 옮겼다. 한국어로는 '정진'을 '애씀(무엇을 이루려고 힘쓰다)' 이라고 옮길 수 있어 '늘 애씀' 이라고 하면 어색하여 꾸마라지바의 한자 번역을 따른다. 다만 한자에서는 항恒 자나 상常 자나 모두 '항상·늘·언제나' 같은 뜻이 있으므로 꾸마라지바는 상常 자만 써서 상정진常精進이라고 옮겼다. 그러나 한글에서는 상常이란 낱말을 쓰지 않고 사전에도 나와 있지 않기 때문에 항상恒常이란 낱말을 써서 항상정진恒常精進이라고 옮겨 누구나 쉽게 그 뜻을 새길 수 있게 했다.

(22) 마하보디쌑바(菩薩摩訶薩, bodhisattva-mahāsattva)

성문과 연각도 '깨달음을 얻기 위해 정진한다' 는 뜻에서는 보디쌑바(道衆生)이므로 구별하기 위해 마하쌑바(大衆生)를 붙인 것이다. 보디쌑바에는 많은 품계가 있는데, 10지十地 이상의 보디쌑바를 나타내기 위하여 마하를 더한다.

아미따경에서는 대보살大菩薩로 옮겼는데, 한글로는 마하보디쌑바로 옮긴다. 우리가 보통 스님들 가운데 존경하는 스님을 큰스님이라 부르는 것과 같은 이치이다.

(23) 하늘나라 임금 사끄라(Śakra devānām Indra, 釋帝桓因)

　소리 나는 대로 석제환인타라(釋帝桓因陁羅, 釋迦提桓因陀羅)라고 옮겼는데, 그것을 다시 줄여서 석제환인釋帝桓因이라 불렀다. 사끄라(Śakra)는 이름이고, 데바남은 하늘나라(devānām) 인드라(Indra)로 베다신화에서는 가장 힘 있는 신이었지만 불교에서는 하늘에서 불법을 지키는 서른셋 하늘나라(Trāyastriṃśa, Ｐ Tāvatṃśa, 忉利天)의 임금이다. 6가지 욕망 있는 하늘나라 가운데 둘째 하늘이며, 흔히 옥황상제라 부르는 분이다. 사끄라(Śakra-devānām indra, 帝釋天)는 4명의 큰 하늘임금(4天王)과 32개의 하늘을 다스리며 불법과 불법에 귀의하는 사람들을 보살핀다고 한다. 수미산 꼭대기에 있으며, 가운데 선견성善見城이 있고 4방향에 8개씩 성이 있어 모두 32성인데, 선견성까지 합하여 33개의 하늘나라가 되므로 서른셋 하늘나라(三十三天)라고 부른다.

　서른셋(33)을 산크스크리트로 뜨라야스-뜨림사(Trāyas-triṃśa)라고 하는데 한문으로 발음대로 옮기면서 다라야도리多羅夜忉利라고 하였다. 그런데 이 단어가 너무 길기 때문에 줄여서 쓰기를 좋아하는 옛사람들이 마지막 2글자인 도리忉利만 떼어서 도리천忉利天이라고 하였다. 그러므로 우리가 흔히 쓰는 도리천忉利天은 아무런 뜻도 없고, 산스크리트 원문에서 한 음절만 딴 것이라 본디 산스크리트를 알기도 어렵다. 그래서 뜻에 따라 도리천을 서른셋 하늘나라라고 옮겼다. 이 하늘나라 사람들은 1,000살을 사는데, 그곳 하루가 인간세계의 100년과 맞먹기 때문에, 바꾸어 셈하면 3천 6백만 년이다. 누워서 서로 몸을 가까이만 해도 기를 통해서 음양관계가 이루어지며, 처음 아이가 태어나면 인간세계의 6살 아이만 하다고 한다. 붇다가 일찍이 이곳에 태어난 어머니 마야부인을 위해 3달간 가르침을 주신 곳으로 유명하다.

2) 법회의 주제 - 아미따불 극락세계 [믿음]

한문

介時 佛告長老舍利弗, 從是西方 過十萬億佛土 有世界 名曰極樂 其土有佛 号阿弥陁 今現在說法. 舍利弗 彼土 何故 名爲極樂, 其國衆生 無有衆苦 但受諸樂 故名極樂.

옮긴 글

그때 붇다께서 사리뿌뜨라 장로에게 말씀하셨다. "여기서 서쪽으로 1조(兆) 붇다나라를 지나면 극락이라는 세계가 있는데, 그 나라에는 아미따라는 붇다가 계시고, 지금도 가르침을 펴고 계신다."

"사리뿌뜨라여, 그 나라를 왜 극락이라 부르는지 아는가? 그 나라 중생들은 괴로움이란 전혀 없고 온갖 즐거움만 누리기 때문에 극락이라 한다."

풀이

(1) 스스로 말씀하신 경(無問自說)

대부분의 대승경전은 제자들이 물으면 붇다가 대답하는 식으로 진행이 되는데, 이 아미따경은 제자들이 묻지 않았는데, 스스로 설법을 시작하셨기 때문에 무문자설無問自說이라고 한다. 그러므로 이 경은 가끔 붇다가 사리뿌뜨라에게 묻는 형식이 있으나 답이 없고, 모두 붇다 말씀으로만 이루어진 특이한 경이다.

(2) 1조(兆)

꾸마라지바는 10만 억十萬億이라고 옮겼으나 현재 10만 억이라는 단위는 쓰이지 않고 있다. 만(10,000)이란 단위가 있고 거기에 10, 100, 1000을 붙여 십만, 백만, 천만이 되고, 만이 10,000(만)개가 되면 억億이란 단위가 되어 십억, 백억, 천억이 된다. 다시 억이 10,000개가 되면 조兆가 되어 10조, 1000조, 10,000조로 이어진다. 그런데 고대 치나(支那)에서는 지금처럼 4항씩 나누지 않고 8항씩 나누는 '중승법中乘法'이라는 셈법이 있어 '①1억(10^8) ②10억(10^9) ③100억(10^{10}) ④1000억(10^{11}) ⑤ 만억(10^{12}) ⑥10만억(10^{13}) ⑦100만억(10^{14}) ⑧1000만억(10^{15})' 처럼 8항이 계속 이어진다. 그러므로 우리 셈법으로 따지면 1 억·10억·100억·1000억·만억=1조(10^{12})·10만억=10조 (10^{13})가 된다. 산스크리트 원문을 보면 천만 (koṭi)+100(śata)+1000(sahasra)이라고 되어 있다. 인도에서는 억 이라는 단위보다 천만을 가리키는 꼬띠(koṭi)라는 낱말을 즐겨 쓰기 때문에 거기에 100과 1000을 덧붙인 것이다. 그러므로 정 확하게 셈하면 100(10^2)×1000(10^3)×꼬띠(천만, 10^7)=1조(兆, mahānayuta, 10^{12})가 되어 꾸마라지바가 옮긴 '10만억=10조 (10^{13})'는 한 단위를 더 셈했다는 것을 알 수 있다. 아마꾸마라 지바가 옮긴 10만 억은 10만+1억으로, 100×1000= 10만으로 옮 기고 천만(꼬띠)이란 단위 대신 당시 진나라에서 큰 단위로 쓰 이는 억億을 그대로 옮기므로 해서 10만×억이 되어 결과적으 로 한 단위를 더 올린 10조가 되지 않았는가 하는 생각이 든다. 산스크리트-영어사전에 '옛 급수에서 가장 높은 수(곧, krore 또 는 천만) [the highest number in the older system of numbers(viz. a Krore or ten millions)]'라고 되어 있다. '가장 높은 수' 라는 개 념 때문이지, 한문 경전에는 천만千萬, 억億, 만억萬億, 백천百千, 십만十萬, 경京처럼 갖가지 번역이 나와 있다. 그러나『꼬샤론 (俱舍論)』(12권)에 나오는 52수에는 정확하게 1000만(10^7= 꼬띠·koṭi·俱胝)으로 나와 있다. 현재 단위에는 10만 억이라는 단위가 없고 1조라는 단위는 우리가 흔히 '셀 수 없이 많은 숫자'로 많이 쓰기 때문에 여기서는 '1조'라고 옮겼다.

현장이 옮긴 『칭찬정토불섭수경稱讚淨土佛攝受經』에서는 '백천구지나유다(白千俱胝那庾多)' 라고 옮겼는데, 100 · 1000 · 꼬띠(koṭi, 천만, 俱胝, 10^7)·나유따(nayuta, 천억, 那庾多, 10^{11})를 옮긴 것이다. 100·1000·꼬띠(koṭi, 천만)는 앞에서 본 산스크리트 본과 같이 1조를 말하는데, 현장의 번역을 좀 더 정확하게 셈하면 1조(10^{12})×1000억(10^{11})=10^{23}(utsaṅga, 嗢蹲伽)이 된다. 나유따(nayuta)는 일반적으로 천억을 뜻하지만, 산스크리트-영어 사전에는 미리아드(myriad), 곧 만萬 · 셀 수 없는 · 무수한 같은 뜻이다. 이렇게 보았을 때 1조라고 하거나 또 거기다 천억을 더 곱하거나 모두 우리가 일상생활에서 쓰고 있는 숫자 개념과 단위를 훨씬 넘어 버렸기 때문에 '셀 수 없는' 이라는 뜻으로 이해하는 것이 좋을 것으로 보인다.

(3) 극락(Sukhāvatī, 極樂)

극락정토極樂淨土 · 극락국토極樂國土 · 서녘정토西方淨土 · 서녘(西方)·안양정토安養淨土 · 안양세계安養世界 · 안락국安樂國이라고 옮기기도 한다. 극락에 대한 자세한 설명은 이 경에 나오기 때문에 생략한다.

(4) 아미따(Amita, 阿彌陀)

산스크리트 본에는 아미따윳(amitāyus, 그지없는 목숨, 無量壽)이라고 되어 있고, 현장玄奘은 무량수 및 무량광(無量壽及無量光)이라고 옮겼으며, 티베트어 본에는 무량수라고 옮겨 산스크리트 본과 같다. 이 꾸마라지바 본만 '헤아릴 수 없는(無量)'이란 이름을 썼다는 것은 이미 경의 제목을 설명한 첫 번째 주에서 보았다.

(5) 붇다(佛)

산스크리트 본에는 붇다를 이름 지어 부를 때 따타가따(tathāgata, 여래, 如來)·아르한(arhan, 阿羅漢)·싸먁쌈붇다(samyaksaṃbuddha, 정등각正等覺)라는 3가지 존칭을 한꺼번에 붙였는데, 초기 경전에는 수없이 많이 나오는 관용구이다. 현장玄奘은 여래如來·응應·정등각正等覺으로 옮겨 아르한을 나타내는 응(應=應供)을 그대로 옮겼고, 티베트어 번역본에서도 여래·아르한·정등각자라고 해서 아르한을 여래와 같은 호칭이라고 옮겼다. 일반적으로 대승불교에서는 보디쌑바에 비해 아르한을 낮은 단계로 보지만 이 아미따경 같은 초기 대승경전에는 아르한이 여래와 같은 뜻으로 쓰였다는 것을 알 수 있다.

그런 면에서 대승경전 가운데 이 아미따경은 초기 경전이라고 볼 수 있다. 대승경전 가운데 가장 많이 읽힌 경전 가운데 하나인 꾸마라지바 번역본 아미따경은 따타가따도 모두 붇다(佛)로 통일하였기 때문에 여기서는 그대로 따른다.

2. 극락세계는 어떤 곳인가?

1) 극락세계의 모습 - 보배로 꾸민 거리와 못[믿음]

한문

又舍利弗 極樂國土 七重欄楯 七重羅網 七重行樹 皆是
四寶 周匝圍繞 是故 彼國 名爲極樂.

又舍利弗 極樂國土 有七寶池 八功德水 充滿其中 池底
純以金沙 布地. 四邊階道 金‧銀‧琉璃‧頗梨合成. 上有
樓閣 亦以金‧銀‧琉璃‧頗梨‧車渠‧赤珠‧馬瑙 而嚴
飾之. 池中蓮花 大如車輪 靑色靑光 黃色黃光 赤色赤光
白色白光 微妙香潔.

舍利弗, 極樂國土 成就如是 功德莊嚴.

옮긴 글

"사리뿌뜨라여, 극락세계는 또 일곱 겹 다락집‧일곱 겹 그
물‧일곱 겹 나무숲이 모두 네 가지 보석으로 두루 둘러싸여 있
으므로 그 나라를 극락이라고 한다."

"사리뿌뜨라여, 극락에는 또 일곱 가지 보석으로 된 못이 있
는데, 그 안에는 여덟 가지 공덕의 물(八功德水)이 가득 차 있

고, 못 바닥은 온통 금모래가 깔려 있다. 네 가장자리 계단과 길은 금·은·묘안석·수정으로 되어 있고, 그 위에 있는 다락집도 금·은·괭이눈 보석·수정·산호·붉은 구슬·비취로 장엄하게 꾸며졌다. 못 속에는 수레바퀴만 한 큰 연꽃이 있는데, 푸른색은 푸른 빛, 노란색은 노란 빛, 붉은색은 붉은 빛, 하얀색은 하얀 빛이 나서 미묘하고 향기롭고 깨끗하다."

"사리뿌뜨라여, 극락세계는 이처럼 본바탕이 뛰어나게 잘 꾸며져 있다."

풀이

(1) 다락집(欄楯)

산스크리트 본에는 베디까(vedika)로 되어 있다. 베디까(vedika)는 일반적으로 걸상(seat)이나 긴 의자(bench)를 뜻하지만, 고전 문헌에는 제사 터(sacrificialground) 제단(altar)이나, 발코니(balcony) 다락집(pavilion, 樓閣)이란 뜻으로 많이 쓰였다. 꾸마라지바와 현장은 모두 난간欄楯이라고 옮겼는데, balcony란 낱말에는 방 밖으로 쑥 내 지어 지붕 없이 만든 난간이란 뜻도 있지만 동시에 높이 지은 전망대란 뜻도 있다. 그런데 붇다가 극락을 표현할 때 극락에 있는 집에 대한 표현 없이 난간만 설명했다고 보는 것은 쉽게 이해가 가지 않기 때문에 전망대처럼 높은 집이나 높은 기둥 위에 세운 다락집을 표현한 것이라고 보고 다락집이라고 옮겼다.

(2) 나무숲(行樹)

산스크리트 본에는 딸라-빵끄띠(tāla-paṅkti)로 되어 있다. 딸라(tāla, 多羅樹)는 인도 미얀마 스리랑카 마드라스 같은 나라의 바닷가 모래땅에 자라는 나무이다. 높이 20m 이상으로 자라는 종려과棕櫚科의 열대 큰키나무(喬木)로, 잎이 넓고 평평하고 질겨 예부터 종이 대신 이 잎에 위에 경문을 썼기 때문에 패엽貝葉 또는 패다라엽(pattra, 貝多羅葉)이라고 일컬었다. 열매는 익으면 붉은 석류 같은데 먹을 수 있다. 이 나무는 한번 베면 다시는 싹이 나지 않기 때문에 여러 경전에서 빅슈(比丘)가 쌍가에서 쫓겨나는 빠라지까(pārājika, 波羅夷) 죄를 범하는 것에 비유하기도 하였다.

빵끄띠(paṅkti)는 어떤 숫자의 행렬(row)이나 세트(set)나 계열(series)을 말하는 것으로, 무리(group), 모음(collection), 떼(flock, troop, company), 모임(assembly)을 나타낸다. 산스크리트 사전에 든 예를 보면 함께 '밥을 먹거나, 같은 성에 사는 모든 사람(persons eating together or belonging to the same castle)'을 한꺼번에 일컬을 때 쓴다. 그러므로 여기서는 (일곱 겹으로 늘어선) '딸라 나무숲'이라고 옮기는 것이 가장 알맞다고 본다. 꾸마라지바는 '행수行樹'라고 옮기고 현장은 '보석으로 된딸라나무(寶多羅樹)' 라고 옮겼으며, 티베트어 본도 '딸라나무 줄' 로 옮겼다. 일본과 한국에서 나온 번역본들이 대부분 꾸마라지바가 옮긴 행수行樹를 가로수街路樹라는 뜻으로 새겼는데, 行행자가 '길' 이란 뜻으로도 쓰이지만 '늘어서다' 라는 뜻으로 더 많이 쓰이기 때문에 (7겹으로 줄지어) '늘어선 나무(行樹)' 라는 뜻도 된다. 그러므로 길나무(街路樹)라고 옮기는 것보다는 나무들이 7겹으로 늘어선 숲이란 뜻으로 일곱 겹 '나무숲' 이라고 옮겼다. 현장이 '일곱 겹으로(七重) 늘어선(行列) 보석 딸라나무(寶多羅樹)' 라고 옮긴 것을 보더라도 행(行)이 길이 아니라 행렬行列, 곧 '나란히 줄지어 섰다' 라는 뜻이라는 것을 알수 있고, 『대아미타경』과 『평등각경』에서도 '7가지 보배나무들이 … 갖가지 (보배나무가) 저마다 따로따로 늘어서 있다(七寶樹…種種各自異行)' 라고 한 것을 보아도 길나무(街路樹)가 아니라는 것은 뚜렷하다. 붇다가 당시 사람들이 쉽게 알 수 있는 나무 이름을 썼지만 꾸마라지바는 나무숲이 중요하지, 그 숲에 있는 나무의 종류는 중요하지 않다고 해서 과감하게 빼고 그냥 나무숲이라고 옮겼다. 그래서 여기서도 나무 이름(딸라)은 빼고 나무숲이라고만 했다.

(3) 여덟 가지 공덕의 물(八功德水)

현장이 옮긴 칭찬정토불섭수경에는 8가지 공덕의 물 이름이 자세하게 나온다. ① 맑고 깨끗하다(澄淨). ② 아주 시원하다 (淸冷). ③ 달다(甘美). ④ 가볍고 부드럽다(輕軟). ⑤ 매끄럽고 윤기가 있다(潤澤). ⑥ 온화하다(安和). ⑦ 마시면 헤아릴 수 없는 허물과 근심(過患)을 없애 준다. ⑧ 5근과 4대를 길러주고, 갖가지 최고의 선근을 늘려 준다.

(4) 괭이눈 보석(vaiḍūrya, cat' s-eye gem, 猫眼石)

  한문 원문에는 유리琉璃라고 된 보석이다. 산스크리트 바이두랴(vaiḍūrya)를 한문 경전에서 소리 나는 대로 비유리毘瑠璃 · 비유리毗瑠璃 · 폐유리吠琉璃 · 비유리鞞瑠璃 따위로 옮겼는데, 처음 경전을 옮겼을 당시는 모두 '바이두랴'라고 읽었을 것이다. 현장이 옮긴 칭찬정토불섭수경稱讚淨土佛攝受經에 폐유리(吠琉璃, vaiḍūrya)라고 온전하게 옮긴 것을 보면 알 수 있다. 그 뒤 한문이 갖는 속성 때문에 유리琉璃나 류리瑠璃로 줄여 쓰면서 본디 발음과 전혀 다르게 잘못 정착된 낱말이다. 이 낱말을 『민중국어사전』에서 찾아보면, 유리창이나 병을 만드는 유리 말고 또 다른 유리가 있다(한문은 똑 같다). 【유리(瑠璃)】① 〔광〕 황금빛의 작은 점이 군데군데 있고 검푸른 빛이 나는 광물. ② 검푸른 빛이 나는 보석이라고 되어 있다. 그러나 이 설명으로는 그 광물이 정확하게 바이두랴(vaiḍūrya)라는 보석인지 아닌지 알 수가 없다. 그런데 산스크리트-영어사전에 보면 '고양이-눈(케츠 아이) 보석(cat's-eye gem)' 이라고 되어 있고, 산스크리트-일본어사전에 보면 묘안석猫眼石이라고 되어 있다. 우리말 사전에서 묘안석을 찾아보면, '녹백색 섬유纖維 석영石英의 일종으로 고양이 눈 모양으로 가느다란 빛을 내는 보석' 이라고 한 것을 보면 묘안석이 바이두랴(vaiḍūrya)라는 것이 뚜렷하다. 그래서 여기서는 본디 소리와 너무 다른 유리琉璃보다는 알기 쉽고 뜻이 뚜렷한 묘안석猫眼石을 골랐는데, 우리말로는 '괭이눈 보석' 으로 옮길 수 있을 것이다. 실제 우리 풀과 꽃 이름에는 괭이눈이라는 이름이 있으므로 보석이라는 말만 덧붙이면 되는 아름다운 우리말이 될 수 있을 것이다. 아울러 흔히 우리가 '유리' 라고 하면 유리창이나 유리병으로 쓰이는 유리(사전에는 똑같은 琉璃로 되어 있다)라고 알고 있는데, 묘안석이나 괭이눈 보석으로 옮기면 극락에 있는 유리는 그런 유리가 아니라는 것을 뚜렷하게 알 수 있는 좋은 점이 있다.

(5) 수정(sphaṭika, 頗梨)

원문에는 파리頗梨라고 되어 있다. 꾸마라지바가 한문으로 옮긴 파리頗梨는 산스크리트 스파띠까(sphaṭika)를 소리 나는 대로 옮긴 것이다. 이 낱말은 사피지가私頗知迦. 색피지가塞頗胝迦, 사파치가娑破致迦처럼 한문으로 옮길 당시는 꽤 정확하게 옮겼는데, 한문의 속성 때문에 파지가頗胝迦, 가리가頗梨柯같이 3자로 줄여 쓰거나 파리玻璃, 파려玻瓈처럼 2자로 줄여 쓰면서 엉뚱한 발음이 나온 것이다. 현장의 『칭찬정토불섭수경稱讚淨土佛攝受經』)에는 파지가頗胝迦라고 옮겼다. 산스크리트 스파띠까 (sphaṭika)는 수정(crystal), 차돌(quartz, 石英)이라는 뜻이다. 그러므로 여기서는 본디 발음과 너무 다른 파리頗梨보다는 읽은 이들이 쉽게 뜻을 알 수 있는 수정으로 옮겼다. 강승개가 옮긴 『무량수경』을 보면 모든 보석 이름을 긴 것은 2자로 줄이고, 금이나 은처럼 1자인 낱말은 자금紫金, 백은白銀처럼 늘여 썼다는 것을 알 수 있다. 이처럼 한문의 문장 구성 속성 때문에 산스크리트 본디 소리와 전혀 다르게 써서 찬찬히 보지 않으면 그것이 한문인지 외래어인지 구분할 수 없는 낱말이 수두룩하다.

그러므로 여기서는 본디 소리와 너무 다른 낱말을 알기 쉽게 뜻으로 옮긴 것이다. 파리頗梨라는 낱말은 우리말 사전에도 ① 유리 ② 수정 같은 두 가지 뜻이 나오기 때문에 수정이라고 옮기는 것은 쉽고 자연스러운 일이다. 『대아미타경』과 『평등각경』에서는 모두 수정水精으로 옮겼다.

(6) 못 위에 있는 다락집(樓閣)

산스크리트 본, 현장의 『칭찬정토불섭수경稱讚淨土佛攝受』, 티베트어 번역본에는 모두 보배나무(ratnavṛkṣā)라고 되어 있다.

(7) 산호(musāragalva)

한문 원문에 차거車渠라고 되어 있다. 한문 경전에는 판본에 따라 차거車磲 또는 차거硨磲로 옮겼는데, 우리말 사전에는 두 가지가 모두 나와 있다. 최초의 번역본인『세조언해본』에서 '자 거'라고 읽기 시작한 뒤 대부분의 보급본과 번역본에 '자거'라 고 옮기고 있으나 실제 생활에서 '자거'라는 보석이 사용되지 않으며, 사전에도 '자거'가 없고 차거(車渠 또는 硨磲)라고 되 어 있다. 사전에는 차거가 '조개껍질을 간 것'과 '아름다운 옥 돌'을 가리킨다고 하였는데, 산스크리트-영어사전이나 산스크 리트-일본어사전에 무싸라갈바(musāragalva)는 산호의 한 종류 (a kind of coral, 珊瑚の一種)라고 되어 있다. 그런데 산스크리 트-일본어 사전에서는 "한문 경전에서 차거車渠, 호박琥珀, 마노 瑪瑙처럼 갖가지로 옮겼다"라고 하였다. 최종남의『아미타경』 에 호박이라고 옮긴 것은 이 사전을 참고한 것으로 보인다. 이 렇게 보면 차거車渠, 호박琥珀, 마노瑪瑙 같은 뜻을 모두 가지고 있는 것처럼 되어 꽤 혼란을 주고 있다. 현장의 칭찬정토불섭 수경稱讚淨土佛攝受經에는 소리 나는 대로 모파락게라파보(牟婆 落揭拉婆寶)라고 옮겼기 때문에 뜻을 아는 데는 도움이 되지 않 는다. 불광사전에는 '보통 마노碼瑙와 혼동하는데 대개 큰 조개 (大蛤或)나 산호 종류를 가리킨다(經常與碼瑙混同, 槪指大蛤或 白珊瑚之類)'라고 해서, 마노는 아니고 큰 조개 아니면 산호라고 좀 어정쩡한 결론을 내리고 있다. 그러나 무량수경에서는 사전의 본디 뜻에 딱 들어맞는 '산호^{珊瑚}'라고 정확하게 옮겼다. 사실 현재 실제 생활에서 차거라는 보석이 거래되고 있지 않기 때문에 우리가 가장 잘 알고 있는 산호라고 옮기는 것이 알맞다고 생각해서 그렇게 옮겼다. 산호는 종류가 아주 많아 이 경우도 '산호의 일종'이라고 할 뿐이지 딱 집어서 어떤 것이라고 가리키기 어려운 보석이라고 할 수 있다.

(8) 붉은 구슬(lohitamuktā 赤珠)

산스크리트 본에 로히따묵따(lohitamuktā)라고 되어 있는데, 붉은(lohita)+구슬(muktā, 眞珠)이라는 뜻이다. 사전에서 묵따(muktā)를 찾아보면 진주조개에서 딴 것(as loosened from pearl-oystershell)이라고 되어 있어 우리가 흔히 잘 알고 있는 진주, 곧 구슬을 뜻한다는 것을 알 수 있다.

(9) 비취(aśmagarbha)

한문 원전에 마노^{瑪瑙}라고 되어 있다. 사전적 설명에 따르면 마노는 석영(石英, 수정)·단백석(opal, 蛋白石)·옥수(玉髓, 차돌의 한 가지)가 섞인 차돌을 말한다.
송진 같은 광택이 나고 때때로 다른 광물이 스며들어 고운 무늬를 나타내므로 보석이나 장식품으로 쓰인다. 단석^{丹石} 문석^{文石}

이라고도 한다. 그러나 산스크리트-영어사전에 아스마가르바
(aśmagarbha)=에메랄드(emerald)라고 되어 있어 마노와는 전
혀 다른 보석이라는 것을 알 수 있다. 에메랄드는 비취옥翡翠玉
이나 취옥翠玉 또는 비취翡翠를 뜻한다. 『불광사전』에서도 '짙은
초록빛 옥(深綠色之玉)이라고 설명하고, 후세에 마노라고 부르
는 것과는 다르다(但異於後世所稱之碼瑙)'라고 하여, 지금 흔
히 말하는 마노가 아니라 비취옥이라고 풀이하였다. 그래서 여
기서는 많은 사람이 잘 알고 있는 비취라고 옮겼다.

(10) 극락세계는 이처럼 본바탕이 뛰어나게 잘 꾸며져 있다
  (極樂國土成就如是功德莊嚴).

  이 문장은 이 경에서 여러 번 되풀이되는데, 옮긴이가 꾸마라
지바와 다르게 옮겼기 때문에 자세하게 풀이하려고 단다.

  이 문장을 산스크리트 본에서 원문을 보면 붇다-끄세뜨라-구
나-뷰하 싸말랑끄리따(Buddha-kṣetra-guṇa-vyūha samalaṃkṛta)
라고 되어 있다. 붇다-끄세뜨라(Buddha-kṣetra)는 '붇다나라(佛
國)'를 뜻하고, 구나-뷰하(guṇa-vyūha)는 '가장 뛰어난 본바탕
(資質)이 모인 것'을 뜻하며, 싸말랑끄리따(samalaṃkṛta)는 고
귀하게 꾸며진(highly decorated), 잘 꾸며진(well adorned)이란
뜻이다.

  꾸마라지바가 구나-뷰하(guṇa-vyūha)를 한문으로 공덕장엄

功德莊嚴이라고 옮긴 뒤 일반화되었는데, 사실은 이것이 '공덕과 장엄'이란 뜻인지, '공덕이 장엄하다'라는 뜻인지, 또는 다른 뜻이 있는지 뚜렷하지 않다. 구나(guṇa)는 '중생에게 가장 높은 자질(chief quality of all existing being)'이나 '일으킨 모든 행위의 고유한 특성(a property characteristic of all created things)'을 말하는 것인데, 한자로는 주로 '공덕功德', 또는 '덕德'이나 '덕행德行'이란 낱말로 많이 옮겼다. 쉽게 말해 좋은 일이나 착한 일을 한 것을 말하는데, 공덕功德은 스스로 닦아서 쌓은 것을 말하고 복덕福德은 남에게 착한 일을 하는 것이라고 풀이하기도 한다. 뷰하(vyūha)는 배열·배치·꾸밈(arrangement), 집합·집단(aggregate), 무리·떼·군중(flock) 같은 여러 가지 뜻이다. 꾸마라지바는 장엄莊嚴이라고 옮겼는데, 사전에서 장엄이란 한어漢語나 우리말 모두 '웅장하고 엄숙하다'라는 그림씨(形容詞)로만 쓰이기 때문에 그 뜻을 정확하게 옮기면 '장엄함'이라고 해야 한다. 그런데 사전의 뜻만 가지고 뷰하(vyūha)를 '장엄함'이라고 옮기면 문맥이 맞지 않는다. 꾸마라지바의 한문 번역을 곧이곧대로 옮기면 '극락세계는 이와 같은 공덕과 장엄함을 이루었다(極樂國土 成就如是 功德莊嚴)'이다. 그런데 '갖가지 보석과 8가지 공덕의 물처럼 좋은 바탕(환경)으로 이루어진 극락을 왜 공덕과 장엄을 이루었다(成就)고 했을까? 라고 생각했을 때 얼른 그 뜻이 들어오지 않는다. 우선 극락의 좋은 환

경을 '공덕을 이룬 것'이라고 이해하기 어렵다. '~을 이룬다(成就)'라는 움직씨(動詞)는 타동사로 반드시 그것을 이루길 바라는 주체(주어)가 있어야 하고, 이루고자 하는 목적어가 있어야 한다. 그런데 이 문장에서 주어는 아미따 붇다가 아니고 극락세계이고 그 극락세계가 무엇을 이루기 위해 바란다는 것은 앞뒤가 맞지 않기 때문에 '이룬다(成就)'라는 타동사 자체가 들어맞지 않는다.

그러므로 산스크리트 본에 나온 싸말랑끄리따(samalaṃkṛta), 곧 고귀하게 꾸며진(highly decorated), 잘 꾸며진(well adorned)이란 수동태를 쓰는 것이 더 알맞다고 할 수 있다. 구나(guṇa)를 공덕으로 옮긴 것도 다시 생각해 봐야 한다. 공덕이란 '좋은 일을 많이 한 힘'을 말하는데 주어인 극락세계가 좋은 일을 많이 하고 닦음을 하여 그 공덕을 이루었다고 할 수 없다. 그래서 법장 비구가 48원과 오랫동안 쌓아 닦은 공덕으로 극락의 환경(依報)을 이룬 것을 뜻하는 것이 아닌가 하는 생각도 해 보았지만, 아미따경에서는 아미따불의 과거 생인 법장 비구에 대한 소개가 전혀 없어 너무 단계를 뛰어넘은 풀이라고 할 수 있다. 그러므로 여기서는 구나(guṇa)가 가지고 있는 본디 뜻대로 '가장 뛰어난 본바탕(chief quality)'이라고 옮겼다. 마찬가지로 뷰하(vyūha)도 장엄이라고 옮기는 것보다는 극락세계의 뛰어난 본바탕(特性)의 '배치'나 '집합'이라는 뜻으로 풀이하는 것이

맞을 것이다. 다만 '배치' 나 '집합' 은 많은 것을 합해 놓은 것인
데 '본바탕' 이라는 낱말 스스로 이미 그런 뜻을 가지고 있어 여
기서는 옮기지 않았다. 이런 여러 가지 뜻을 한국말에 가깝게
살려 '극락세계는 이처럼 본바탕이 뛰어나게 잘 꾸며져 있다'
로 옮겼다.

2) 극락세계의 하루① - 1조 붇다께 이바지하며 닦는다. [믿음]

한문

又舍利弗 彼佛國土 常作天樂 黃金爲地. 晝夜六時 天雨
曼陁羅華, 其國衆生 常以淸旦 各以衣裓 盛衆妙華 供養他
方 十萬億佛 卽以食時 還到本國 飯食經.

舍利弗, 極樂國土 成就如是 功德莊嚴.

옮긴 글

"사리뿌뜨라여, 또 그 붇다나라에는 늘 하늘음악이 울려 퍼
지고, 땅은 황금으로 되어 있다. 밤낮 여섯 때 하늘에서 만다라
꽃비가 내리므로, 그 나라 중생들은 이른 아침이면 언제나 저마
다 옷자락에 갖가지 예쁜 꽃을 받아 다른 나라에 가서 1조 붇다
께 이바지(供養)하고, 끼니 때가 되면 자기 나라로 돌아와서 밥

먹고 수행한다.”

“사리뿟뜨라여, 극락세계는 이처럼 본바탕이 뛰어나게 잘 꾸며
져 있다.”

풀이

(1) 밤낮 여섯 때(晝夜六時)

하루를 아침(晨朝, 平旦), 한낮(日中, 日正中), 저녁(日沒, 日
入), 초밤(初夜, 人定), 밤중(中夜, 夜半), 새벽(後夜, 鷄鳴)으로
나누어 여섯 때라고 한다. 산스크리트 본에는 '낮 세 때, 밤 세
때' 라고 하였다. 경전에서 '하루 내내' 라는 뜻으로 많이 쓰였다.

(2) 만다라꽃(曼陁羅華, māndāra, mandāraka, māndārava)

4가지 하늘 꽃 가운데 하나로 흰 연꽃을 큰 만다라꽃(大妙華)
이라고 부르며, 법화경에는 붉은 꽃이라고 나온다. 이 꽃은 대
단히 아름답고 바라보면 마음이 기뻐진다고 한다.

(3) 이바지하고(abhyavakīrya, 供養)

산스크리트 아비아바크리(abhy-ava-kṛ)의 미래수동분사이
다. 아비아바크리(abhy-ava-kṛ)는 쏟다, 뿌리다, 충실하게 지키
다, 덮다(cover) 같은 뜻인데, 한문 경전 번역에서는 뿌리다(散),
봉산奉散, 공산供散, 공양供養 같은 뜻으로 쓰였다. 직역하면 약간

어려움이 있으나 꽃잎을 바치면서, 뿌려서 바친 것이다. 사꺄무
니도 전생에 연등불에게 꽃을 올릴 때 5송이는 허공에, 2송이는
두 귓가에 머물렀다고 한 것을 보면 꽃을 뿌리는 것이라는 것을
알 수 있다. 어찌 되었든 붇다에게 바치는 것이기 때문에 공양
이라는 낱말로 옮겼다. 공양供養이라는 한자는 '이바지하다' 라
는 우리말로 옮겼다.

3) 극락세계의 하루② - 새소리로 펴는 아미따불의 설법 [믿음]

한문

復次 舍利弗, 彼國常有 種種奇妙 雜色之鳥, 白鵠 · 孔
雀 · 鸚鵡 · 舍利 · 迦陵頻伽 · 共命之鳥, 是諸衆鳥 晝夜六
時 出和雅音, 其音演暢 五根 · 五力 · 七菩提分 · 八聖道
分 如是等法. 其土衆生 聞是音已 皆悉念佛 · 念法 · 念僧.
　舍利弗, 汝勿謂 此鳥實是 罪報所生, 所以者何 彼佛國土
無三惡趣.
　舍利弗, 其佛國土 尙無三惡道之名 何況有實, 是諸衆鳥
皆是阿弥陁佛 欲令法音宣流 變化所作.
　舍利弗, 彼佛國土 微風吹動 諸寶行樹 及寶羅網 出微妙
音 譬如百千種樂 同時俱作. 聞是音者 皆自然 生念佛 · 念

法 · 念僧之心.

舍利弗, 其佛國土 成就如是 功德莊嚴.

"사리뿟뜨라여, 또한 그 나라에는 늘 온갖 기묘한 빛깔의 새들이 있는데, 고니 · 공작 · 앵무 · 사리 · 깔라빙까 (Kalaviṅka) · 공명(共命) 같은 여러 새들이 밤낮 여섯 때 서로 어울려 우아한 소리를 낸다. 그 소리는 5가지 뿌리(根) · 5가지 힘(力) · 7가지 깨치는 법(菩提分)·8가지 괴로움을 없애는 길 (聖道分) 같은 가르침을 펴는 것이기 때문에, 이 소리를 들은 중생들은 모두 마음에 붇다(佛)를 새기고, 가르침(法)을 새기고, 쌍가(saṃga, 僧伽·僧)를 새긴다."

"사리뿟뜨라여, 이 새들이 실제로 죄를 지은 과보로 태어난 것이라 여겨서는 안 된다. 왜냐하면 그 붇다나라에는 세 가지 나쁜 길(三惡趣)이 없기 때문이다. 사리뿟뜨라여, 그 붇다나라에는 세 가지 나쁜 길(三惡道)이라는 이름도 없는데, 어떻게 실제로 (나쁜 길이) 있을 수 있겠느냐? 이 새들은 모두 아미따붇께서 가르침(法音)을 널리 펴고자 바꾸어 만든 것이다."

"사리뿟뜨라여, 저 붇다나라에는 산들바람이 온갖 보배 나무 숲과 보배 그물을 흔들어 미묘한 소리를 내니, 마치 백천 가지 음악이 한꺼번에 울려 퍼지는 것 같다.

이 소리를 듣는 이는 모두 붇다를 생각(念佛)하고, 가르침을 생각(念法)하고, 쌍가를 생각(念僧)하는 마음이 저절로 일어난다."

"사리뿌뜨라여, 그 붇다나라는 이처럼 본바탕이 뛰어나게 잘 꾸며져 있다."

풀이

(1) 고니(白鵠)

고려대장경에는 백곡白鵠이라고 되어 있고, 【宋】【元】【明】【세조언해본】에는 백학白鶴이라고 되어 있다. 고려대장경에서 쓴 백곡白鵠은 백조, 즉 우리말로 '고니' 이고, 백학白鶴의 우리말은 '두루미' 다. 산스크리트 본에는 haṃsa(사전에는 haṇsa)라고 되어 있는데, 거위(goose) 기러기(gander), 고니(swan, 白鳥), 플라밍고(flamingo, 紅鶴)라는 뜻이기 때문에 여기서는 고려대장경과 산스크리트 원문에 따라 고니로 옮겼다. 현장은 거위(鵝雁)라고 옮겼다.

(2) 사리(Śāri, 舍利)

산스크리트-영어 사전에는 이 낱말이 나오지 않으나 꾸마라지바는 사리舍利라고 소리 나는 대로 옮겼고, 현장은 추로鶖鷺라고 번역하였으며, 송나라 기琦선사는 춘로春鷺라고 하였다. 추鶖

는 무수리를, 로鷺는 해오라기를 뜻한다고 하였다. 여기서는 꾸마라지바의 번역에 따라 소리나는 대로 '사리'라고 옮긴다.

(3) 깔라빙까(kalaviṅka, P karavīka, 迦陵頻伽)

산스크리트-영어 사전에는 참새(sparrow), 인도 뻐꾸기(In-dian cuckoo), 비둘기(spot)로 나와 있는 것으로 보면 당시 일반적인 새가 있었다고 보인다. 그러나 불경에서는 이 새 소리를 붇다·보디쌑바의 훌륭한 음성에 비유하거나, 극락정토에 있는 새라고 쓰여 있다. 정토 만다라에는 사람 머리에 새 몸으로 나타난다. 불광불교사전에는 '미묘한 소리'라는 뜻으로 미묘한 소리로 아름다운 노래를 하는 상상의 새라고 되어 있다.

불교 경전에는 한자 뜻으로 옮기면서 '아름다운 소리를 내는 새(好聲鳥·美音鳥)'·'미묘한 소리를 내는 새(妙聲鳥)'라고 옮기면서 히말라야에서 산다고 하였다. 그러나 대부분 한문 경전에서는 소리 나는 대로 가릉빈가새(迦陵頻伽鳥)·가라빈가새(歌羅頻伽鳥)·갈라빈가새(羯邏頻迦鳥)·가란빈가새(迦蘭頻伽鳥)·가라비가새(迦陵毘伽鳥)라고 옮겼는데 모두 깔라빙까(kalaviṅka)를 소리나는 대로 옮긴 것이다. 그 뒤 이 번역을 다시 3자로 줄여서 가릉빈새(迦陵頻鳥)·가루빈새(迦婁賓鳥), 2자로 줄여서 가릉새(迦陵鳥)·갈비새(羯毘鳥)·관필새(鶡鶝鳥)·갈비새(羯脾鳥)·빈가새(頻伽鳥)처럼 본디 이름과는 전혀 다른 이름으로 불리기도 하였다.

한국에서는 '가릉빈가' 라고 읽어 원문인 깔라빙까와 꽤 차이가 있는 발음이지만 절집 꾸밈 무늬에 '가릉빈가 무늬' 가 쓰이고, 일반 무늬로도 퍼져 나갔다.

그 밖에 여러 불교단체에 '가릉빈가합창단' 이 있고, 만화 이름, 단편소설에도 쓰이고 있다. 앞으로 본디 소리인 '깔라빙까' 가 쓰였으면 한다.

(4) 공명(jīvajīva, jīvajīvaka, jīvaṃjīva, jīvaṃjīvaka, 共鳴)

하나의 몸에 머리가 2개 달린 새로, 2개의 신식神識을 갖고 있다는 상상의 새다. 한문『열반경涅槃經』1권에서는 「명명조命命鳥」,『승천왕반야경勝天王般若經』에서는 「생생조生生鳥」라고 하였다. 산스크리트 본 아미따경에는 나오지 않기 때문에 꾸바라지바의 번역대로 공명이라고 옮겼다.

(5) 그 소리는 5가지 뿌리(根)·5가지 힘(力)·7가지 깨치는 법
    (菩提分)·8가지 괴로움을 없애는 길(聖道分)

37가지 깨달음으로 이끄는 법(bodhi-pākṣika, 道品)을 말한 것이다. 보디(bodhi)는 깨달음이고, 빡씨까(pākṣika)는 스스로 고를 수 있는(optional), 달리 택할 방도(an alternative) 같은 것을 말하는 것으로 어떤 목적을 위해 고를 수 있는 법을 말한다.

여기서는 깨달음을 얻기 위해 고를 수 있는 갖가지 수행법을 말한다.

① 4가지 새기는 것(4念處), ② 4가지 애씀(正勤), ③ 4가지 뜻대로 하는 힘(如意足), ④ 5가지 뿌리(五根), ⑤ 5가지 힘(五力), ⑥ 7가지 깨치는 법(七菩提分), ⑦ 8가지 깨닫는 길(八聖道分)처럼 7가지를 모두 합치면 37가지 법이 된다. 아미따경에서는 5가지 뿌리 이전에 나오는 3가지는 빼고 나머지 4가지로 줄여서 이야기하고 있는데, 앞의 3가지는 극락 오기 전에 이미 실천할 수 있는 것이기 때문에 극락에서는 5가지 뿌리부터 공부하는 것이라고 해석하기도 한다.

① 5가지 뿌리(Indriya, 五根) : 믿는 뿌리(信根) · 애쓰는 뿌리(精進根) · 새기는 뿌리(念根)·(마음을 한 군데로) 모으는 뿌리(定根) · 슬기로운 뿌리(慧根)로, 깨달음을 얻기 위한 5가지 뿌리.

② 5가지 힘(Bala, 五力) : 믿는 힘(信力) · 애쓰는 힘(精進力)· 새기는 힘(念力) · 모으는 힘(定力) · 슬기로운 힘(慧力)으로, 5가지 뿌리에서 나오는 힘.

③ 7가지 깨치는 법(Bodhyaṅga, 七菩提分) : 고르는 법(擇法覺支), 애쓰는 법(精進覺支), 기뻐하는 법(喜覺支), 끊는 법(除覺支), 떠나는 법(舍覺支), 모으는 법(定覺支), 새기

는 법(念覺支)으로, 수행 도중 상황에 따라 골라서 실천하는 법이다.

④ 8가지 괴로움을 없애는 길(Ārtamārga, 八正道, 八聖道) : 바른 견해(正見), 바른 생각(正思惟), 바른 말(正語), 바른 짓(正業), 바른 살길(正命), 바른 애씀(正精進), 바른 새김(正念), 바른 모음(正定)으로, 4가지 거룩한 가르침 가운데 마지막으로 괴로움을 없애기 위해 실천하는 길이다.

(6) 붇다를 새기고(buddha-manasikāra, 念佛)

한자로 염불念佛이라고 옮겼는데, 산스크리트 원본에는 붇다(buddha)+마나씨까라(manasikāra)라고 하였다. 마나씨(manasi)+까라(kāra)에서 마나씨(manasi)는 마낫(manas)이란 낱말로 겹낱말(합성어)을 만들 때 처격處格으로 쓰인 것이다. 산스크리트에서 마낫(manas, 末那)은 이름씨(名詞)로 마음(mind), 생각(think)을 뜻하고, 움직씨(動詞)로는 '생각하다', '마음에 그리다', '마음에 새기다' 같은 뜻으로 쓰인다. 한자로는 주로 '헤아려 생각하다(思量)'라고 옮겼는데, 소승의 꼬샤종(俱舍宗)에서는 6식(第六識)을 다르게 부르는 이름이고, 유식종(唯識宗)에서는 7식(第七識)을 일컫는다.

산스크리트 사전에서 겹낱말(합성어) 마나씨-까라(manasi-kāra)는 'taking to heart'라고 나오는데, 「take ⋯⋯ to heart : ⋯⋯을

마음에 새기다, 진지하게 생각하다, 통감하다」라는 뜻이다. 그
러므로 한자에서 염불念佛로 옮긴 붇다(buddha)+마나씨까라
(manasikāra)는 'take buddha to heart', 곧 '붇다를 마음에 새기
다' 라는 뜻이 된다.

그렇다면 '붇다를 새긴다' 는 것은 무엇을 어떻게 새긴다는
것인가?
이 문제는 『앙굿따라 니까야』(AN. Ⅰ. 205)와 『증일아함경』
(24, 55)에 뚜렷하게 나온다.
『앙굿따라 니까야』의 「8가지 계행에 관한 경(Uposathaṅga-
sutta, 八關齋戒)」에 보면 '우뽀싸타(布薩)에 관한 설명' 에서 불
교의 3가지 보물을 어떻게 새길 것인가를 정확하게 설명하고
있다.

"비싸카여, 고귀한 제자는 '같은 길을 가시는 분(如來,
tathāgata Ⓟ tathāgata)' 을
① 이바지를 받을 만하고(應供, 阿羅漢, arhat·arhan Ⓟ ara-
hant),
② 바르고 빈틈없이 깨닫고(正等覺, samyak-saṃbuddha Ⓟ
sammāsambudha),
③ 슬기와 실천을 갖추고(明行足, vidyā-caraṇa · saṃpanna Ⓟ

vijjā-caraṇa-sampanna),

④ 올바로 살아가고(善逝, sugata, ℙ sugata),

⑤ 세상일을 훤히 알고(世間解, loka-vid, ℙ Lokavidū),

⑥ 위 없이 높고(無上士, anuttara ℙ annuttaro),

⑦ 사나이를 길들이고(調御丈夫, puruṣa-damya-sārathi, ℙ purisa dammasārathi),

⑧ 하늘과 사람의 스승이고(天人師, śāstā deva-manuśyāṇāṃ ℙ satthā deva manussānaṃ),

⑨ 깨달은 분이고(佛, buddha, ℙ buddha),

⑩ 우러러볼 만한 분(世尊, bhagavat ℙ Bhagavā)

이라고 새기면(念), 여래를 새기는 그 마음에 맑고 깨끗함이 생겨나고 기쁨이 생겨나서 더럽게 물든 마음이 끊어지는 것이, 마치 더럽게 물든 머리가 나아 맑고 깨끗해지는 것과 같습니다."

여기에 붇다를 일컫는 11가지 이름이 나온다. 우리는 흔히 경전에서 응공應供, 명행족明行足, 선서善逝, 세간해世間解, 조어장부調御丈夫 같은 낱말을 많이 나오지만, 그것이 무슨 뜻인지 모르고 한국식 한문으로 토만 달아 보고 있다. 그러나 10가지 붇다의 이름을 새긴다는 것은 그 뜻을 정확하게 알아야 새길 수 있는 것이다. 우리가 흔히 '잘 새겨 들어라!' 라는 말을 하는데, 이

때 새긴다는 것은 '마음 가운데 기억하여 둔다' 라는 뜻이다. 그러므로 상대방이 하는 말이 무슨 뜻인지도 모르고 마음에 새길수 없듯이 붇다의 이름들이 무엇을 뜻하는지 모르고 마음에 새길 수는 없는 것이다.

이처럼 붇다의 이름을 새기는 것은 초기경전은 물론 대승경전에도 많이 나온다. 대승경전에는 3가지 이름으로 줄여서 나오는 경우도 많다. 정토경전인『무량수경』에도 10가지 이름이 정확하게 나오는데, 다만 불세존佛世尊이라고 해서 ⑨ 깨달은 분(佛, buddha), ⑩ 우러러볼 만한 분(世尊, bhagavat)을 모아 한 낱말로 나타냈기 때문에 사실상 11가지의 이름을 들고 있다.

우리나라에서는 초기경전을 모두 옮기고 있는 전재성 선생이 처음으로 빨리어의 뜻에 따라 새로운 번역을 시도하였다. 이제 우리나라 경전 번역도 새로운 시대에 접어들었다고 할 수 있다. 옮긴이는 전재성 씨의 번역도 참고하여 산스크리트와 빨리어를 바탕으로 새롭게 옮겨 보았다.

(7) 가르침을 새기고(念法),

『앙굿따라 니까야』의 「8가지 계행에 관한 경(Uposathaṅga-sutta, 八關齋戒)」에서 가르침을 새기는 법을 이렇게 말씀하신다.

"비싸카여, 이 세상에 고귀한 제자는 가르침(法)에 대하여 이처럼,

'세존께서 잘 설하신 이 가르침은
① 살고 있는 지금 이득이 있는 것이고(sandiṭṭhiko),
② 시간을 초월한 것이고(akāliko),
③ '와서 봐라' 할 만한 것이고(ehipassiko),
④ 최상의 목표로 이끄는 것이고(opaneyyiko),
⑤ 슬기로운 자라면 누구나 (스스로, 홀로) 알 수 있는 것
(paccataṁ veditabbo viññūhi)이다.'

라고 새기면(念), 그 마음에 맑고 깨끗함이 생겨나고 기쁨이 생겨 나서 더럽게 물든 마음이 끊어지는 것이, 마치 더럽게 물든 생각이 나아져 맑고 깨끗해지는 것과 같습니다."

불교佛敎란 '붇다(佛)의 가르침(敎)'이라는 뜻이다. 그렇다면 붇다의 가르침이란 무엇인가? 위의 5가지를 좀 더 간추리면 ① 시간상으로 우리가 사는 지금 이 세상에서 당장 이롭고 도움이 되는 것이면서도, ② 과거·현재·미래를 아우르는 진리이고, ③ 공간적으로 당장 지금 '와서 봐라' 라고 그 결과를 보여줄 수 있지만, ④ 동시에 나고 죽는 문제를 뛰어넘어 니르바나에 이를 수 있는 최고의 수행법이다. ⑤ 또한 산속에 들어가 있는 몇 사

람만을 위한 것이 아니고 슬기로운 사람이란 누구나 알 수 있는 만인을 건지는 가르침이라는 것이다.

초기 경전을 보면 붇다는 이러한 이야기를 수없이 많이 하고 있다. 그러나 현재 우리의 현실은 불교 신자들까지도 불교는 추상적이고, 팔만대장경처럼 복잡하고 알기 어려워 가까이하기 어려운 종교라고 스스로 이야기하고 있다. 그러다 보니 신행생활을 하고 있지만 가르침의 고갱이(核心)를 모르고 있는 신도들이 뜻밖에 많다. 이것은 한국 불교에서 교육이 제대로 이루어지지 않고 있기 때문이라고 본다. 각 종단에서 좀 더 깊이 있게 연구하여 신행 생활의 단계에 따라 교리의 고갱이를 잘 간추려 체계적인 교육이 필요하다고 본다.

(8) 쌍가(saṁga 僧伽)를 새긴다.

쌍가(saṃgha, 僧伽)란 무엇이고 어떻게 새겨야 하는가?

『앙굿따라 니까야』의 「8가지 계행에 관한 경(Uposathaṅga-sutta, 八關齋戒)」에 보면 다음과 같이 말씀하신다.

"비싸카여, 고귀한 제자는 쌍가(saṃgha, 僧伽)에 대하여,

‘① 세존 제자들의 모임은 훌륭하게 실천한다.

② 세존 제자들의 모임은 바르고 곧게(正直) 실천한다.

③ 세존 제자들의 모임은 어질고 사리에 밝게(賢明) 실천한다.

④ 세존 제자들의 모임은 서로 잘 어울려(調和) 실천한다.

이처럼 세존 제자들의 쌍가는 네 짝 여덟 무리(四雙八輩, 四向四果)의 어진 사람들로 이루어졌기 때문에

① 공양받을 만하고,

② 대접받을 만하고,

③ 보시받을 만하고,

④ 존경받을 만하고,

⑤ 세상에 위 없는 복 밭이다.'

라고 새기면(念), 쌍가를 새기는 그 마음에 맑고 깨끗함이 생겨나고 기쁨이 생겨나서 더럽게 물든 마음이 끊어지는 것이, 마치 더럽게 물든 머리가 나아 맑고 깨끗해지는 것과 같습니다."

여기서 우리는 쌍가(saṁga 僧伽)가 스님이란 뜻이 아니고 세존의 제자 모두를 아우르는 모임 · 동아리라는 것을 뚜렷하게 알 수 있다. 한문 경전에서 쌍가(saṁga)를 승가僧伽라고 옮겼는데, 나중에 운韻을 맞추기 위해 '불타佛陀→불佛'로 줄인 것처럼 '승가僧伽→승僧'으로 줄여 쓰이게 되었다. 그러다 어느 사이 승僧이 수행자를 뜻하는 빅슈(比丘 또는 苾芻) 대신 쓰이면서 잘못 정착된 것이다. 산스크리트의 saṁga(쌍가)란 '무리'를 뜻하는 것으로 여기서는 '불법을 믿고 불도를 행하는 사람들의 무리(集團)'를 말한다. 따라서 처음에는 붇다의 가르침에 따라 공

부하는 집 나온(出家) 제자와 집에 있는(在家) 제자 모두를 일컬었는데, 나중에 출가자들만의 집단을 일컫게 되었다.

빅슈로 구성된 쌍가는 빅슈쌍가(bhikṣu-saṃgha), 빅슈니(比丘尼)로 이루어진 쌍가는 빅슈니쌍가(bhikṣunī-saṃgha), 성문들이 모인 쌍가를 성문쌍가(śrāvaka-saṃgha)라고 한다. 나중에는 붇다(佛), 붇다의 가르침(法)과 함께 3보三寶 가운데 하나인 쌍가보(saṃgha-ratna, 僧寶)가 되었다. 붇다 생전의 기록인 잡아함경에도 이미 3보三寶에 귀의한다는 내용이 나오는데, 이때 쌍가보(僧寶)에 속한 제자들은 대부분 이미 아르한과를 얻은 성문들이었다.

그러므로 현재 한국에서 삼보에 귀의하면서 '거룩한 스님들께 귀의합니다' 라고 하는 것은 다시 생각해 봐야 한다. 3보의 하나인 쌍가(僧伽)는 스님들이란 뜻이 아니기 때문이다. 마치 학교學校란 선생님들을 뜻하는 것이 아니라 선생님을 비롯한 모든 구성원을 포함한 조직 자체를 이야기하는 것과 마찬가지다.

이 아미따경에서 말하는 3보는 아미따불(佛)과 아미따불이 말씀하는 각종 가르침(法), 그리고 극락에 헤아릴 수 없이 많이 있는 보디쌑바와 성문을 비롯한 모든 무리(僧)를 일컫는 것이지 우리가 말하는 스님들은 아니다.

(9) 이 새들이 실제로 죄를 지은 과보로 태어난 것이라고 여겨
  서는 안 된다.

　산스크리트 원문에는 띠략-요니-가따쓰(tiryag-yoni-gatās)라
고 되어 있어, (그 중생들이) '짐승으로 태어나는 길(畜生道)로
떨어졌다고 여기느냐? 그렇게 보아서는 안 된다' 라고 되어 있
다. 띠략(tiryag)은 길짐승이나 날짐승(새) 같은 짐승(畜)을 말하
고, 띠략요니(tiryag-yoni)는 짐승으로 태어나는 것(born as an
animal, 畜生)이다. 가따쓰(gatās)는 가따(gata)라는 낱말의 복수
형인데, 베다를 비롯한 고대 인도의 문헌에 다음과 같은 여러
가지 뜻으로 나타난다.

　① 사라진(gone), 멀리 가 버린(gone away), 떠난(departed),
　　세상을 떠난(departed from th world), 죽은(deceased,
　　dead).
　② 온(come to), 가까이 온(approached), 다다른(arrived at),
　　들어간(going in), 있는(situated in), 들어 있는(contained
　　in).

　우리는 흔히 '가다' 와 '오다' 를 반대 개념으로 생각하는데,
여기서는 같은 개념으로 쓰인다는 것을 알 수 있다. 그래서 산
스크리트에서는 '가고 오는 것', '죽고 다시 태어나는 것' 을 가

따가따(gatagata) 또는 가따가띠(gatagati)라고 해서 가따(gata)
를 2번 반복해서 쓴다.

붇다의 10가지 이름 가운데 하나인 여래如來는 글자 그대로
옮기면 '온 것과 같이, 온 것처럼(如來)' 이라고 옮길 수 있다. 그
런데 산스크리트 따타가따(Tathā-gata, 如來)에서 따타(Tathā)
는 ~와 같이(so, 如), 이렇게(thus) 같은 뜻이지만 가따(gata)는
'오고 가는 것' 을 뜻한다. 그래서 산스크리트-영어사전에서 따
타가타(Tathā-gata)는 '본디 특성이나 본질을 그대로 갖춘 존재
(being in such a state or condition, of such a quality or nature)' 라
는 설명과 함께 '[과거 붇다들이 걸었던] 똑같은 길을 가고 오는
사람(he who comes and goes in the same way[as the Buddhas
who preceded him])' 이라고 덧붙여 가따(gata)가 '오고 가는
것' 을 뜻한다는 것을 알 수 있다.

③ (길을) 걸은(having walked), 어떤 상태로 들어간(gone to
any state or condition), ~에 빠진(fallen into).

이상 3가지 gata(또는 gati)를 설명하는 뜻 가운데 아미따경
산스크리트 본에서는 ③의 뜻으로 쓰고 있다는 것을 알 수 있
다. 그러나 꾸마라지바는 이처럼 짐승으로 태어나는 구체적인
내용을 줄이고, 그렇게 되어 가는 인과를 가지고 설명을 시작하

고 있다.

(10) 세 가지 나쁜 길(三惡趣, 三惡道)

　중생들은 끝없이 6가지 길(六道)을 돌고 돈다(輪廻)고 한다. 곧 지옥길(地獄道)·아귀길(餓鬼道)·짐승길(畜生道)·사람길(人道)·아수라길(阿修羅道)·하늘길(天道)인데, 그 가운데 앞의 3가지를 '3가지 나쁜 길(三惡道, 三惡趣)'이라 하고, 뒤의 3가지를 '3가지 좋은 길(三善道, 三善趣)'이라고 한다. 산스크리트 본에는 아주 쉽게 3가지 나쁜 길을 구체적으로 낱낱이 들고 있는데, 꾸마라지바와 현장은 모두 '3가지 나쁜 길'이라고 줄여서 옮기고 있다. 3가지 나쁜 길이라고 하면 읽는 사람들이 이미 그 내용을 알고 있다고 보았기 때문이다. 꾸마라지바는 한 발 더 나가 '세 가지 나쁜 길이란 이름도 없는데, 어떻게 실제로 (나쁜 길이) 있을 수 있겠느냐?'라고 아주 극적인 표현을 써서 자세한 설명보다는 그 내용에 들어있는 뜻을 돋보이게 하려고 하였다.

　일반적으로 3가지 나쁜 길이란 산스크리트로 니라야-가띠(niraya-gati, 지옥길) 쁘레따-가띠(preta-gati, 아귀길) 띠략요니-가띠(tiryagyoni-gati, 짐승길)라고 한다. 그런데 아미따경 산스크리트 본에는 쁘레따-가띠(preta-gati, 아귀길) 대신 야마로까(yama-loka)를 들고 있다. 야마로까(yama-loka)는 한자로 염마계閻魔界라고 옮기는데, 꼬샤론(俱舍論) 11권에 보면 염마계는 인간이 사는 잠부대륙(Jambu-dvīpa, 瞻部洲)의 500 요자나(yojana, 由旬 : 1요자나=14km쯤 된다) 아래 있다고 되어 있고, 장아함경에는 잠부대륙 남쪽 대금강산 속에 있는데 우리가 흔히 말하는 염라대왕이 있는 곳이라고 해서 다르게 설명하고 있다. 이 2가지 경우 야마로까(yama-loka)가 3가지 나쁜 길인 아귀길이란 뜻이 분명하게 나타나지 않는다. 그런데 법화경 3권 수기품授記品에 나온 4가지 나쁜 길(四惡道)의 산스크리트 본에는 니라야(niraya, 지옥) · 띠랴요니(tiryagyoni, 짐승) · 야마로까(yama-loka, 야마세계, 夜摩世界) · 아쑤라까야(asura-kāya, 아수라 몸, 阿修羅身)라고 해서 야마로까(yama-loka)가 아귀길과 같이 쓰였다는 것을 알 수 있다. 아울러 수라도 나쁜 길로 나누었다.

(11) 백천 가지

산스크리트 원문에는 100(백) 1000(천) 꼬띠(천만)라고 했는데, 100꼬띠면 10억이고 1000꼬띠면 100억이 된다. 그러나 꾸마라지바의 번역에 따라 백천 가지로 옮겼다. 한국어에서 '백천' 가지란 '꽤 많은 수'를 뜻하기 때문이다.

(12) 붇다를 생각하고(念佛)

꾸마라지바는 앞에서는 붇다(buddha)+마나씨까라(manas

ikāra)를 한자로 염불念佛이라고 옮겼는데, 여기서는 붇다-아누-씀리띠(buddhānusmṛti)를 똑같은 용어인 염불念佛로 옮겼다.

붇다아누(buddhānu)에서 [ā]는 붇다(buddha)의 a와 아누(anu)의 a가 이어져 겹쳐지는 이은소리(連音)가 되면서 긴소리(長音) ā가 된 것이다. 아누(anu)는 영어의 with나 after 같은 다양한 뜻을 가진 앞가지(接頭語)이고 씀리띠(smṛti)는 기억(remembrance, 記憶)이라는 뜻이다. 산스크리트 사전에는 아누(anu)+씀리띠(smṛti)가 (지난 일을) 생각해 내다(to remember), 불러일으키다(recollect)라는 뜻으로 쓰인다고 되어 있다. 여기서는 붇다를 생각하는 것이지만 '이미 생각하고 있던 것을 잊지 않고 계속 생각해 낸다는 뜻(憶念, 마음에 떠올리다, 마음에 불러일으키다, 생각해 내다)'이 강하다. 빨리어로는 싸띠(sati)인데, 『빠알리-한글사전』(전재성)에 기억, 새김, 챙김, 주시, 주의를 기울임, 인식, 염念, 억념憶念 같은 갖가지 뜻을 들고 있다. 붇다가 가장 중요하게 강조한 수행법인 '4가지 새기는 것(四念處)'도 씀리띠-우빠스타나(smṛty-upasthāna, P sati-paṭṭhāna)라고 해서 씀리띠(smṛti, P sati)를 쓴다.

홍법원 『불교학대사전』과 불광출판사 『불교대사전』에서는 아미따경에 나온 이 두 가지 낱말에 대해 "아미따경 가운데 염불念佛 · 염법念法 · 염승念僧이라고 번역한 「염불念佛」의 산스크리트 원어가 처음에는 붇다마나씨까라(buddhamanasikāra)이고 나중에는 붇다누씀리띠(buddhānusmṛti)인데, 앞 낱말은 '생각을 내다(作意)', '마음을 일으키다(起心)' 라는 뜻이고, 뒤 낱말은 '단단히 기억한다(憶念, 意念)' 라는 뜻이다"라고 해서 붇다마나씨까라(buddhamanasikāra)는 처음 마음을 일으키고 마음에 하나씩 새겨 나가는 것이고, 붇다누씀리띠(buddhānusmṛti)는 그렇게 새긴 것을 '단단히 기억해서 잊지 않고 생각해 내는 것' 을 뜻한다고 설명하였다. 따라서 여기서는 붇다누씀리띠(buddhānusmṛti, 念佛)를 '잊지 않고 마음에 붇다 생각을 계속 이어 간다(憶念)' 라는 뜻으로 해석해서 '생각하다' 로 옮겼다. 우리말에서 '생각하다' 는 '늘 그리워하다' 는 뜻이 있어, '생각하다' 라는 말 만 가지고도 '잊지 않고 마음에 붇다 생각을 계속 이어간다(憶念)' 라는 뜻이 있기 때문이다.

4) 극락세계의 법왕 - 가없는 빛(無邊光)과 그지없는 목숨(無量壽), 아미따불 [믿음]

한문

舍利弗, 於汝意云何, 彼佛 何故 号阿弥陁.

舍利弗, 彼佛 光明無量 照十方國 無所障碍, 是故 号爲阿弥陁.

又 舍利弗, 彼佛壽命 及其人民 無量無邊 阿僧祇劫, 故名阿弥陁.

舍利弗, 阿弥陁佛 成佛已來 於今十劫.

又 舍利弗, 彼佛有 無量無邊 聲聞弟子 皆阿羅漢 非是籌數之所能知. 諸菩薩 亦復如是.

舍利弗, 彼佛國土 成就如是 功德莊嚴.

옮긴 글

"사리뿌뜨라여, 어떻게 생각하느냐? 저 붇다를 왜 아미따(阿弥陁)라고 부르겠느냐?"

"사리뿌뜨라여, 저 붇다의 밝고 환한 빛이 그지없어 시방세계를 두루 비추어도 걸림이 없으므로 아미따바(amitābha, 無量光)라 부른다."

"사리뿌뜨라여, 또 저 붇다와 백성들의 목숨이 그지없고 가없어서 아미따윳(amitāyus, 無量壽)이라 부른다."

"사리뿌뜨라여, 아미따불께서 붇다가 되신지 이제 10깔빠(劫)가 되었다."

"사리뿌뜨라여, 또 저 붇다에게는 그지없고 가없는 성문(聲聞) 제자들이 있는데, 모두 아르한(阿羅漢)이며, 수로 헤아려서는 알 수 없을 만큼 많다. 여러 보디쌑바들도 마찬가지다."

"사리뿌뜨라여, 저 붇다나라는 이처럼 본바탕이 뛰어나게 잘 꾸며져 있다."

(1) 아미따(阿弥陁)

이 단락에서 번역자인 꾸마라지바는 원문과 다른 과감한 의역意譯을 한다. 의역이란 원문의 낱말이나 문장에 거리낌 없이 전체의 뜻을 살려 옮기는 것을 말한다. 여기서 전체의 뜻을 살린다는 것은 이 경의 제목에 대한 주에서 보았듯이, 그지없는 목숨(amitāyus, 無量壽)과 그지없는 빛(amitābha, 無量光)의 공통분모인 '그지없는(amita, 無量)' 이라는 산스크리트를 뜻으로 옮기지 않고, 소리 나는 대로 옮겨 새롭게 붇다의 이름으로 만들었다는 것이다. 그러므로 이 단락에서는 산스크리트 원본의 본디 뜻을 정확하게 밝힐 필요가 있다. 산스크리트 본에서는 이 아미따(amita, 그지없는, 無量)가 '아미따윳(amitāyus, 그지없는 목숨, 無量壽)' 으로 되어 있다.

(2) 아미따바(amitābha, 無量光)

꾸마라지바는 공통분모인 '그지없는', 곧 '아미따' 라고 옮겼지만, 산스크리트 본의 본디 뜻을 살려 '그지없는 빛(amitābha, 無量光)' 이라고 옮겼다. 이는 붇다의 이름 아미따불이 본디 '아미따바 붇다' 나 다음에 나오는 '아미따윳붇다' 로 되어 있고, 앞으로 본디 뜻을 살려 불러야 한다는 논리 때문이다.

(3) 저 붇다와 백성들의 목숨이 그지없고 가없어서

산스크리트 본에는 아빠리미따(aparimita)이다. 아미따(amita)와 같은 뜻으로 '젤 수 없는(unmeasured)', '그지없는(unlimited)' 이라는 뜻이다. 이 한 낱말을 꾸마라지바는 '그지없고(無量)' '가없고(無邊)' '수 없고(阿僧祇)', '끝없다(劫)'는 4가지 말로 강조하였다. 여기서는 그지없고(無量) 가없다(無邊)는 말만 가지고도 충분히 그 뜻을 나타낼 수 있고, 원문에는 '아승지겁(阿僧祇劫)'이라는 표현이 없으므로 생략하였다.

(4) 아미따윳(amitāyus, 無量壽)

꾸마라지바는 여기서도 공통분모인 '그지없는', 곧 '아미따'라고 옮겼으나 산스크리트 본의 본디 뜻을 살려 '그지없는 목숨(amitāyus, 無量壽)'이라고 옮겼다. 따라서 여기서는 아미따윳 붇다(無量壽佛)를 말한다.

(5) 깔빠(劫, kalpa)

산스크리트의 깔빠(kalpa)를 한자로 겁파劫簸라고 옮겼는데 흔히 줄여서 겁劫이라고 쓴다. 6세기 고대음으로 劫簸는 '꺌 빠'로 읽었기 때문에 본디 소리인 깔빠(kalpa)에 가까웠다. 그러나 현대 북경음에서는 지에뽀(jiepo)라고 읽어 전혀 다른 소리가 나고, 더구나 나중에는 어려운 po(簸)자를 떼어 내 버리고

jie(劫)라는 글자만 쓰면서 처음 옮길 때 '소리 나는 대로 옮긴다'라는 뜻이 완전히 사라져 버렸다. 한국에서는 그렇게 줄인 낱말을 다시 한국식으로 '겁'이라고 읽어서 그 낱말로 굳어진 것이다. 여기서는 본디 발음과 너무 큰 차이가 나기 때문에 본디 발음인 '깔빠'를 써서 처음 옮길 때의 소리에 가깝게 하였다. 깔빠(劫, kalpa)란 낱말의 뜻에 대해서는 수많은 설이 있지만 가장 많이 쓰는 『지도론智度論』 5권의 설만 소개한다.

'사방 40리 성안에 겨자(芥子)를 가득 채우고 백 년마다 한 알씩 집어내어, 그 겨자가 다 없어져도 겁은 다하지 않는다.'
'둘레 사방 40리 되는 바위를 백 년마다 한 번씩 엷은 옷으로 스쳐서 마침내 그 바위가 닳아 없어지더라도 겁은 다하지 않는다.'

사전에는 '천지가 한 번 개벽한 때부터 다음 개벽할 때까지의 동안이란 뜻으로, 계산할 수 없는 무한히 긴 시간(『우리말 큰사전』『민중국어사전』)'이라고 설명하고 있다.

(6) 성문(聲聞, śrāvaka, P sāvaka)
붇다로부터 직접 설법을 듣고 깨달은 제자. 성문·연각·보디쌑바를 삼승三乘이라고 한다.

3. 어떻게 해야 극락에 갈 수 있는가?

1) 극락 가는 길① [바람(願)] - 반드시 극락에 가서 태어나길 바라야 한다. [바람] [가서 태어남]

한문

又 舍利弗, 極樂國土 衆生生者 皆是阿鞞跋致, 其中 多有一生補處. 其數甚多 非是筭數 所能知之, 但可以無量無邊 阿僧祇劫 說.

舍利弗, 衆生聞者 應當發願 願生彼國. 所以者何 得與如是 諸上善人 俱會一處.

옮긴 글

"사리뿌뜨라여, 또한 극락세계 중생으로 태어나는 이들은 모두 물러서지 않는 자리(阿鞞跋致)에 이른 보디쌑바들이며, 그 가운데 한 번만 더 태어나면 (붇다가) 되는(一生補處) 보디쌑바들도 많다. 그 수가 너무 많아 헤아려서는 알 수가 없으며, 그지없고(無量) 가없어(無邊) 셀 수가 없다."

"사리뿌뜨라여, 이 말을 들은 중생들은 마땅히 그 나라에 태어나길 바라는 생각을 내야 한다. 왜냐하면 이처럼 어진 사람들과 한 곳에서 모두 함께 만날 수 있기 때문이다."

(1) 물러서지 않는 자리(avinivartanīya, 阿鞞跋致)

　산스크리트의 아비니바르따니야(avinivartanīya)는 아비니바르띤(avinivartin)의 복수 주격 형용사로 '뒤로 돌아가지 않는 (not turning back)', '(전쟁에서) 도망하지 않는(not fugitive)' 다는 뜻이다. 한자로는 불퇴不退, 불퇴위不退位, 불퇴전不退轉, 불퇴지不退地라고 옮긴다.

　불도를 구하는 마음이 굳고 단단하여 나쁜 길(惡道)로 넘어가지 않는 것을 뜻하는 말로, 경전에서는 보디쌀바 경지에서 다시는 물러서지 않고 반드시 붇다가 되는 것이 결정되어 의심할 여지가 없는 자리(境地)라는 뜻으로 쓰였다. 꾸마라지바는 뜻으로 옮기지 않고 소리 나는 대로 아비발치阿鞞跋致라고 옮겼는데 6세기 음으로 apibuati(아삐봐띠)이기 때문에 아비니바르띤(avinivartin)을 옮긴 것이라는 것을 알 수 있다. 그러나 본디 소리인 '아비니바르띤' 과 너무 차이가 많으므로 뜻으로 옮겼다.

(2) 한 번만 더 태어나면 붇다가 되는 자리(ekajātipratibaddha, 一生補處)

　산스크리트는 에까(eka)-자띠(jāti)-쁘라띠(prati)-받다

(baddha)라는 여러 낱말을 함께 합친 겹낱말(합성어)이다. 에까자띠(ekajāti)는 에까(eka)+자띠(jāti)인데, 에까(eka)는 한 번만(happening only once)이라는 뜻이고, 자띠(jāti)는 태어난다(birth)는 뜻으로 두 낱말이 합쳐진 에까(eka)+자띠(jāti)는 '한 번만 태어난다' 라는 뜻이다. 쁘라띠받다(pratibaddha)는 쁘라띠(prati)+받다(baddha)인데, 쁘라띠(prati)는 영어의 '~쪽으로(towards)' '~을 향하여(against)' 같은 여러 가지 뜻을 가진 앞가지(接頭語)고, 받다(baddha)는 반드(√bandh)라는 씨뿌리(語根)의 과거수동분사(p.p.p.)이다. 반드(√bandh)는 묶다(bind), 고정시키다(fix) 라는 뜻을 가진 동사인데, 쁘라띠(prati)라는 앞가지와 합쳐 과거분사가 되면서 '동등한 지위나 계급(an equal in rank or station)' 을 나타낸다. 그러므로 에가-자띠-쁠라띠-받다(eka-jāti-prati-baddha)는 한 번만 더 태어나면 붇다의 지위에 오를 수 있는 자리, 곧 '마지막 윤회자(最後之輪迴者)' 라는 뜻으로, 보디쌀바 가운데 가장 높은 지위인 등각等覺을 말한다. 특히 미륵을 '한 번만 더 태어나면 붇다가 되는(一生補處)' 보디쌀바라 부른다.

(3) 보디쌀바들도 많다.

꾸마라지바의 번역에는 보디쌀바란 낱말이 없지만, 산스크리트 본에는 보디쌀바(bodhisattvā, 菩薩)라는 낱말을 먼저 쓰

고 물러서지 않는 자리와 한살이(一生)를 마치면 붇다가 된다
는 2가지 설명을 한꺼번에 꾸미게 하였다. 간결하게 의역을 한
꾸마라지바는 설명하는 말 자체가 이미 보디쌑바에 관한 것이
기때문에 '보디쌑바' 라는 낱말을 뺐지만 여기서는 읽는 이들
의 이해를 돕기 위해 보디쌑바라는 낱말을 덧붙였다.

(4) 아쌍캬(asaṃkhya, 아승지, 阿僧祇)

수가 없다(無數)는 말로, 수없이 많다는 뜻이다.

(5) 그지없고(無量) 가없어(無邊) 셀 수 없는(無數)

산스크리트 본에 아쁘라메야쌍케야(aprameyāsaṃkhyeyā)라
고 되어 있는데, 아쁘라메야(aprameya)+아쌍케야(asaṃkhyeyā)
의 겹낱말(合成語)이다. 아쁘라메야(aprameya)는 잴 수 없는
(immeasurable), 끝없는·가없는(unlimited), 헤아릴 수 없는(un-
fathomable)이라는 뜻이고, 아쌍케야(asaṃkhyeyā)는 아쌍캬
(asaṃ khya, 阿僧祇)의 미래수동분사(f.p.p.)로 '수 없는·셀 수
없는(無數)' 이라는 뜻이다.

인도에서는 수(saṃkhya, 쌍캬)를 셀 때 1에서 무수(asaṃkhya,
아쌍캬, 阿僧祇, 無數)까지 10진법으로 52수를 표시한다(원래는
60수). 경전에 많이 나오는 수까지만 들어 보면 다음과 같다.

1 · 10 · 100 · 1000 · 10,000 · 락사(落叉, lakṣa, 십만) · 아띨

락사(度落叉, atilakṣa, 백만) · 꼬띠(俱胝, koṭi, 천만) · 마댜(末陀, madhya, 억) · 아유따(阿由多, ayuta, 십억) · 큰아유따(大阿由多, 백억) · 나유따(那由多, nayuta, 천억) · 큰나유따(大那由多, 조)……아쌍캬(阿僧祇, asaṁkhya, 무수).

꾸마라지바는 아쁘라메야쌍쾌야(aprameyāsaṁkhyeyā)를 '그지없는(無量)', '가없는(無邊)', '아승지(阿僧祇)', '깔빠(劫)' 같은 4가지 말로 강조하였다. 꾸마라지바의 번역에 그대로 따르되, 아승지(阿僧祇)는 산스크리트 본디 말과 같은 발음으로 바꾸어 아쌍캬(asaṁkhya)라고 하고 괄호 안에 한자로 무수無數라는 뜻을 덧붙여 아쌍캬의 뜻을 알 수 있도록 하였다.

(6) 어진 사람들

산스크리트 본에 나온 쌑뿌루사잏(satpuruṣaiḥ)는 쌑뿌루사(satpuruṣa)라는 남성명사의 복수 조격(造格, with 나 by)으로 훌륭한 사람들 또는 슬기로운 사람들(a good or wise men)이라는 뜻이다. 【세조언해본】에 '어진 사람들' 이라는 뛰어난 번역이 있어 그대로 따른다.

2) 극락 가는 길② [닦음(行)] - 한마음 흐트러짐 없는 염불 [믿음][바람][닦음][가서 태어남]

舍利弗, 不可以少善根福德因緣 得生彼國.

舍利弗, 若有善男子善女人 聞說阿弥陁佛, 執持名号 若一日 若二日 若三日 若四日 若五日 若六日 若七日 一心不亂, 其人 臨命終時 阿弥陁佛 與諸聖衆 現在其前, 是人終時 心不顚倒 卽得往生 阿弥陁佛 極樂國土.

舍利弗, 我見是利 故說此言, 若有衆生 聞是說者 應當發願 生彼國土.

"사리뿌뜨라여, 선근(善根)과 복덕(福德)을 적게 쌓은 인연으로는 그 나라에 태어날 수 없다."

"사리뿌뜨라여, 만일 선남·선녀가 아미따 붇다에 대한 설법을 듣고, 그 이름을 새기되(執名号) 하루나 이틀이나 사흘이나 나흘이나 닷새나 엿새나 이레 동안 마음 흐트러지지 않게(一心 不亂) 이어 가면(持名号), 그 사람의 목숨이 다할 때 아미따불이 여러 성인과 함께 그 앞에 나타나기 때문에, 그 사람이 목숨이 끊일 때 마음이 무너지지 않고 바로 아미따불 극락세계에 가서 태어나게(往生) 된다."

"사리뿟뜨라여, 나는 그런 사실을 분명히 보았기 때문에 하는 말이니, 이 말을 들은 중생은 마땅히 그 나라에 태어나길 바라는 마음을 내야(發願) 한다."

풀이

(1) 선근과 복덕의 인연(kuśalamūlena)

꾸살라(kuśala)는 좋은(good), 복지(welfare), 안녕(wellbeing), 행복(happiness)이라는 뜻이고, 물라(mūla)는 뿌리 · 본바탕 · 기반 · 기초 · 근본(root)이라는 뜻이기 때문에 좋은 일이나 복 짓는 일을 한 본바탕을 뜻한다. 물레나(mūlena)는 물라(mūla)라는 중성명사의 단수 조격造格이다. 꾸마라지바는 '선근善根과 복덕福德'이라고 옮겼고, 현장은 '선근'이라고만 옮겼다. 최근에 선근은 스스로 닦아서 얻은 것이고, 복덕은 남에게 좋은 일을 해서 얻은 것이라는 해석이 있으나, 원문이나 현장의 번역에서는 복덕이란 낱말이 나오지 않았고 두 가지로 나눈 뜻도 없다.

(2) 선남 · 선녀(kula-putra 善男, kula-duhitṛi·kula-dhītā 善女)

원래 산스크리트에서는 좋은 집안에서 태어난(a son of a noble family), 명문 출신 또는 집안이 좋은(high-born) 남자와 여자를 말한다. 선남자 · 선여인善男子·善女人이라고도 옮기지만 한국어 사전에는 대부분 선남·선녀가 으뜸 표제어로 올라 있다. 붇다 당시 좋은 집안이란 4가지 카스트 가운데 브랗마나(brāhmaṇa, 婆羅門)를 말하는 것으로 승려나 학자 집안을 말한다.

불교 경전 가운데는 출가하지 않고 붇다의 가르침을 닦으며 선행을 하는 사람들을 일컫고 있다. 『승만경』에는 선남선녀의 조건으로 아집我執을 버리고 붇다께 마음 깊이 귀의하는 것이 조건이라고 했고, 규기窺基는 『아미따경통찬』에서 산스크리트의 우빠싸까(upāsaka, 優婆塞) 우빠씨까(upāsikā, 優婆夷), 곧 5계를 지키며 집에서 닦는 남녀를 말한다고 하였다. 『잡아함경』에는 빅슈(比丘)도 선남자라고 부르고, 대승경전에는 보디쌑바나 빅슈를 선남자라고 부르는 경우가 많다. 명나라 연지대사는 『아미따경소』에서 '선善'이란 지난 살이(宿生)에서 심은 좋은 씨앗(善因)과 이승(今生)에서 선근을 쌓는 무리를 말하는 것으로, 이승에서 붇다의 가르침을 들은 사람은 반드시 지난 살이(宿世)에 선근을 쌓고 닦은 것이기 때문에 선남·선녀라고 한다고 했다(『불광대사전』). 현재는 보통 일반 신도들을 선남·선녀라고 부른다.

『불교학대사전』(홍법원)에서 '선남자善男子 선여인善女人'을 찾아보면 3가지 뜻이 있다. ① 선善은 전세에 10선을 닦은 선인善因이 있다는 것. 곧 전세의 선인으로 금세에 불법을 듣고 신행

信行을 하는 공덕을 짓는 남녀라는 뜻으로 선남자 선여인이라고 한다. ② 도덕심이 강한 남녀라는 뜻으로도 쓰인다. ③ 붇다와 보디쌑바의 이름을 듣고 믿는 마음(信心)을 내 염불하는 남녀. 같은 사전에서 '선남선녀善男善女'를 찾아보면 '선남자·선여인의 약칭'이라고 되어 있다.

　우리 사전에 일찍이 표제어로 선남·선녀가 올라 있는 것을 보면 옛날 절에서 재가불자를 부를 때 사용했다고 본다. 그러므로 여자 불자들을 '보살'이라 부르는 것보다는 '선녀善女'가 낫지 않을까 생각한다. 『우리말큰사전』에 보면 늙은 여자 신도를 대접하여 '보살할미'라 하였고, '남의 집 노파를 비꼬는 말'로 쓰였기 때문에 그렇게 좋게 시작된 것이 아니다. 평안북도에 '데넘은(저놈의) 보살은 안 나타나는 데가 없단 말이야.'라는 말이 있는데(『우리말큰사전』), 비꼬아 말하는 것을 알 수 있다. 그런데다 우리가 신앙의 대상으로 삼고 있는 '보디쌑바(菩薩)'와 같이 너무 함부로 쓰이는 것 같아 선남·선녀를 제안해 본다. 우리나라에서는 부를 때 흔히 '님'자를 붙이는데 '선녀님'은 괜찮지만 '선남님'은 ㅁ받침이 이어져 발음하기 어려우면 '선사善士'도 좋을 것으로 보인다. 우리말 사전에 '좋은 일을 하는 인사'라는 뜻이 있고, 한어에는 '출가하기 이전의 남자 신도'라는 뜻으로 정확한 표현이기 때문이다.

　(3) 아미따 붇다에 대한 설법을 듣고,

꾸바라지바는 '아미따 붇다'라고 옮겼는데, 산스크리트 본
에서는 '그지없는 목숨(amitāyus)'의 여래(tathāgata, 如來), 곧
아미따웃 여래(無量壽如來)라고 하였다. 이 아미따경에서는 아
미따바 여래(無量光如來)는 딱 한 번 나오고 나머지는 모두 아
미따웃 여래(無量壽如來)로 되어 있다.

(4) 이름을 새기고 이어 가다 (執持名號)

여기서는 염불한다는 뜻인데, 아미따경에서 가장 중요한 대
목이다. 앞에서 이미 "「염불念佛」이란 산스크리트 원어가 붇다
마나씨까라(buddhamanasikāra)와 붇다(아)누슴리띠(buddhān
usmṛti) 두 가지인데, '붇다마나씨까라(buddhamanasikāra)는
처음 마음을 일으키고 마음에 새기는 것이고, 붇다(아)누슴리
띠(buddhānusmṛti)는 그렇게 새긴 뜻을 잊지 않고 단단히 기억
하는 것'을 뜻한다'라는 것을 보았다.

그런데 이 단락의 산스크리트 본은 처음 나온 붇다마나씨까
라(buddhamanasikāra)이고, 꾸마라지바는 이 낱말을 '執持(名
號)'라고 옮겨 '이름(名號)을 새기고(執) 기억한다(持)'라는 두
가지 뜻을 모두 나타낸 것이다. 집지執持 가운데, 집執이란 '잡
다' 또는 '지니다'라는 뜻이다. 그런데 '잡다' 또는 '지니다'라
는 참뜻은 '마음에 잡거나 지닌다'라는 뜻이고, 이처럼 마음에
잡거나 지니는 것은 우리말의 '새기다'가 딱 들어맞는다. '새기

다'를『우리말 큰사전』에서 찾아보면 '마음 가운데 기억하여 둔다.' 라고 되어 있는데, 우리가 흔히 '새겨 들어라' 라고 할 때 '새기다' 는 반드시 '마음에 잘 새기면서 들어라' 라는 뜻이다. 여기서는 붇다 이름을 마음에 새기는 것이므로 붇다마나씨까라(buddhamanasikāra)에 들어맞는 말이다. 한편 지持는 '유지하다', '보전하다' 는 뜻이 있는데, 유지維持를『우리말 큰사전』에서 찾아보면 '어떤 상태를 그대로 이어 감' 이라고 되어 있어 순수한 우리말로 '이어 간다' 라는 뜻이다. 이는 붇다(아)누슴리띠(buddhānusmṛti), 곧 잊지 않고 '생각을 기억한다(憶念)' 는 뜻에 들어맞는다.

한문과 한글의 말 차례가 다르므로 '새기다' 는 글월 앞에, '이어간다' 라는 글월 마지막에 놓았다. 이렇게 하면 집지執持가 붇다를 마음에 새기되(念佛) 쉬지 않고 이어 간다(憶佛)는 뜻이 되어 우리말로 정확하게 나타낼 수 있다.

다만 여기서도 소리 내서 '이름을 부른다(稱名)' 라는 뜻은 없다. 그러나 이름을 마음에 새기는 방법은 소리 내서 할 수도 있고 소리 내지 않고(黙念) 할 수도 있으므로 '소리 내서 부른다(稱名)' 라고 해석해도 무리는 없다고 본다.

(5) 마음 흐트러지지 않게 (a-vikṣipta-citta, 一心不亂)

'염불을 어떻게 할 것인가?' 라는 것에 대한 대답이기 때문에 아주 중요하고 논란도 많다. 산스크리트 본에는 아-빅쉽따-찟따(a-vikṣipta-citta)라고 되어 있다.

찟따(citta)가 마음이니, 마음이 아빅쉽따(avikṣipta)하게 하라는 것이다. 아빅쉽따(avikṣipta)는 아(a. not)+빅쉽따(vikṣipta, scattered)라는 겹낱말(合成語)이다. 빅쉽따(vikṣipta, scattered)는 뿔뿔이 된, 따로 떨어진, 흐트러진, 산만한(어지럽게 흩어져 있어 어수선한) 같은 뜻이니, 아빅쉽따(avikṣipta)는 not scattered, 곧 '어지럽지 않게', '뿔뿔이 되지 않게', '따로 떨어지지 않게', '흐트러지지 않게', '어수선하지 않게' 와 같은 뜻이라고 할 수 있다.

그러므로 꾸마라지바가 옮긴 일심불란一心不亂이란 바로 '마음이 어지럽지 않게', '마음이 흐트러지지 않게' 라는 본뜻과 딱 들어맞는 것이다. 다만 마음(心)을 '한마음(一心)'으로 옮겼기 때문에 불교도들에게는 좀 심한 압박감을 느끼게 한다. 불교에서 한마음(一心)이란 '우주의 근본 원리로서, 모든 것의 실체인 단 하나밖에 없는 심성心性, 곧 진여眞如나 여래장如來藏을 뜻하는 것' 이기 때문이다. 만일 그렇다면 한마음 흐트러지지 않게 하는 염불은 깊은 삼매가 아니면 안 되는 어려운 것이 된다. 사실 아미따경의 이 부분은 그런 면도 없지 않아 있다. 이 문장의 앞에 '선근善根과 복덕福德을 적게 쌓은 인연으로는 그 나라에 태어날 수 없다' 라고 한 것과 맥을 같이 하고 있기 때문이다. 그

렇지만 '일심一心' 은 좀 지나친 표현이라는 느낌이 드는 것은
사실이다.

　현장玄奘이 옮긴 '계념불란繫念不亂' 은 보다 편안한 마음을 갖
게 해준다. 계념繫念이란 괘념掛念과 같은 뜻으로 '마음에 두고
잊지 아니하는 것' 이기 때문에 '마음과 염불하는 입이 뿔뿔이
되지 않게, 따로 떨어지지 않게, 흐트러지지 않게' 하라는 본디
글의 뜻을 충분하게 나타낸 것이라고 할 수 있다.

　옮긴이는 산스크리트 본의 뜻에 충실하게 '마음이 흐트러지
지 않게' 로 옮긴다.

(6) 여러 성인과 함께 (與諸聖衆)

　여기서 성인들(聖衆)은 성문(śrāvaka, P sāvaka)과 보디쌑바
(bodhi-sattva, P bodhi-satta)들을 말한다. 산스크리트 본에는
'스라바까-쌍가(śrāvaka-saṃgha) 곧 성문의 무리(쌍가, saṃgha)
와 보디쌑바-가나(bodhisattva-gaṇa) 곧 보디쌑바의 무리(gaṇa,
troops)에 둘러싸여' 라고 되어 있고, 현장玄奘은 '헤아릴 수 없는
성문 제자와 보디쌑바의 무리(無量聲聞弟子菩薩衆)' 라고 해서
산스크리트 본을 충실하게 직역하였다.

(7) 마음이 무너지지 않고 (心不顚倒)

　이 부분도 중요한 곳이다. 마음이 무너지지 않는 상태라는 것

은 어떤 상태인가? 목숨이 남아 있을 때를 말하는가, 목숨이 끝난 뒤의 상태를 말하는가 하는 논란이 있는 부분이다. 산스크리트 본은 아(a)-비쁘라야쓰따(viparyasta)-찓따(citta)이다. 여기서 중요한 비쁘라야쓰따(viprayasta)는 영어의 reversed(거꾸로 된, 뒤집힌)란 뜻으로 마음이 무너지거나 뒤집히지 않고 제대로 된 마음으로 극락에 간다는 말이다. 앞의 문장과 연결해서 보면 아미따 붇다가 이끌어 주러 왔기 때문에 마음이 무너지지 않았다는 것이다. 그렇다면 아미따 붇다는 목숨이 다하기 전에 오는가, 목숨이 끊어진 뒤에 오는가 하는 것이 문제가 될 것이다. 이 문장에서는 목숨이 끝날 때(臨命終時)라고 해서 끝나기 전인지 뒤인지 뚜렷하지 않다. 붇다가 이끌어 주지 않으면 죽은 순간 대부분 업에 끌려 마음이 무너져 버린다고 한다. 그런 측면에서 보면 죽기 전에 아미따 붇다가 나타나 바로 극락으로 간다는 것으로 볼 수 있다.

(8) 나는 그런 사실을 분명히 보았기 때문에

꾸마라지바가 옮긴 원문은 '시리是利'로, '이런 이익' 이라고 옮길 수 있다. 산스크리트 본에는 따르히 아르타바삼(tarhi arthavaśam)이라고 되어 있다. 따르히(tarhi)는 '그때(at that time)' '그런 경우(in that case)' 와 같은 말이기 때문에 '그런' 이라고 옮겼다. 아르타바삼(arthavaśam)이란 낱말에는 사실·실제(full of reality)라는 뜻이 있으므로 '그런 사실' 로 옮기는 것이 본디 뜻을 제대로 나타낸다고 보았다. 꾸마라지바가 '이익(利)' 이라고 옮긴 것은 그런 사실의 결과를 말하는 것으로 보인다.

3) 극락 가는 길③ [믿음(信)]

(1) 동녘세계 붇다들 - 「모든 붇다가 보살피는 경(經)」을 믿어라. [믿음]

한문

舍利弗, 如我今者 讚歎阿弥陁佛 不可思議 功德, 東方亦
有 阿閦鞞佛 須弥相佛 大須弥佛 須弥光佛 妙音佛 如是等
恒河沙數 諸佛 各於其國 出廣長舌相 遍覆三千大千世界
說誠實言 汝等衆生 當信是 稱讚不可思議功德. 一切諸佛
所護念經.

옮긴 글

"사리뿌뜨라여, 내가 지금 아미따불의 헤아릴 수 없는 공덕
을 찬탄한 것처럼, 동녘에도 악쑈뱌라는 붇다(阿閦鞞佛), 쑤메
루 깃발이라는 붇다(須弥相佛), 큰 쑤메루라는 붇다(大須弥佛),

쑤메루 빛(須弥光佛)이라는 붇다, 뛰어난 소리(妙音佛)라는 붇다 같이, 강가강(恒河)의 모래처럼 많은 여러 붇다가 각기 자기 나라에서 넓고 긴 혀의 모습(廣長舌相)으로 삼천 큰 천세계(千世界)를 두루 덮고, 실다운 말씀으로 '너희중생들은 헤아릴 수 없는 공덕을 칭찬한「모든 붇다가 보살피는 경(經)」을 반드시 믿어야 한다' 라고 말씀하신다."

풀이

① 악쏘뱌라는 붇다 (Akṣobhya, 阿閦鞞佛)

산스크리트 본에는 악쏘뱌(Akṣobhya) 여래(tathāgata)라고 되어 있다. 꾸마라지바는 산스크리트 본에 여래(tathāgata)라고 되어 있는 낱말을 모두 붇다(佛)로 통일하여 옮겼다. 앞으로 나오는 모든 붇다 이름들도 마찬가지다.

악쏘뱌(Akṣobhya)는 '움직이지 않는(不動佛·無動佛)', '성내지 않는(無怒佛·無瞋恚佛)' 이라는 뜻을 가진, 동녘 맑은나라(淨土)의 붇다이다.

산스크리트 원문에는 '악쏘뱌(Akṣobhya)라고 부르는(nāma) 여래(tathāgata)' 라고 되어 있다. 산스크리트에서 '나마(nāma)' 는 '~라고 하는 이름의(by name)', '~라는 이름의(named)', '~라 부르는(called)' 같은 뜻이다. 꾸마라지바는 한문의 장점을 살려 나마(nāma)라는 낱말을 줄이고 모든 붇다의 이름을 다 한 낱말로 만들어 버렸다. 그러나 한글로 그 뜻을 제대로 새기자면 한문처럼 줄일 수 없으므로 산스크리트 본처럼 '악쏘뱌라는' 것 처럼 '~이란' 이라는 토를 달았다.

② 쑤메루 깃발이라는 붇다 (merudhvaja, 須弥相佛)

산스크리트 원본에는 메루(meru)+돠자(dhvaja)라고 되어 있다. 메루(meru)는 앞가지(접두어) 쑤-(su-)를 붙여 쑤메루(sumeru)라고도 하는데, 고대 인도의 세계관에서 세계 한가운데 있는 산을 말한다. 이 쑤메루산(須彌山)을 중심으로 7개의 산과 8개의 바다가 있고, 또 그것을 큰 바다(대함해大醎海)와 큰 산(철위산鐵圍山)이 둘러싸고 있다고 보았다.

돠자(dhvaja)는 기旗 또는 깃발(banner, flag, standard, 幢)을 뜻한다. 그래서 현장과 티베트 본은 모두 산+깃발(山幢)이라고 옮겼는데, 꾸마라지바는 수메루+모습(須彌相)이라고 옮겼다. 현재의 옥편에는 상相이란 글자에 깃발이라는 뜻이 없는데 꾸마라지바는 어떤 의미에서 상相을 썼는지 알 수 없다.

우리가 흔히 말하는 수미산(須彌山)은 산스크리트 쑤메루(sumeru)의 소리를 따서 한자로 옮긴 낱말인데, 한자 상고음에서 미(彌)자가 메르[miăr(Bernhard Karlgren) mjier(周法高)]에 가깝다. 현재의 북경음으로는 須彌가 수미(xumi)라고 읽지만 상고음으로는 슈메르(siumjier)에 가깝다. 뜻글자인 한자의 어려움에 비해 산스크리트와 같은 소리글인 한글로는 쑤메루(sumeru)라고 쉽게 적을 수 있으므로 앞으로 수미須彌는 쑤메루로 쓰는 것이 바람직하다고 본다. 한글의 [ㅅ]은 영어의 [ʃ(sh)]에 가까운 소리가 나고, [ㅆ]은 [s]에 가까운 소리를 내기 때문에 수메르가 아닌 쑤메루라고 읽는 것이 본디 소리에 가장 가깝다.

③ 큰 쑤메루라는 붇다 (mahāmeru, 大須弥佛)

산스크리트 원본에는 마하(mahā)+메루(meru)라고 되어 있다. 큰 쑤메르라는 뜻이다.

④ 쑤메루 빛이라는 붇다 (meruprabhāsa, 須弥光佛)

산스크리트 원본에는 메루(meru)+쁘라바싸(prabhāsa)라고 되어 있다. 쁘라밧(prabhās)은 '빛나다(to shine)'는 뜻을 가진 움직씨(動詞)고, 쁘라바싸(prabhāsa)는 빛 남·뛰어남·광채(splendor)라는 뜻을 가진 이름씨(名詞)다.

⑤ 뛰어난 소리라는 붇다 (mañjudvaja, 妙音佛)

산스크리트 원본에는 만주(mañju)+돠자(dvaja)라고 되어 있다. 만주(mañju)는 아름다운·훌륭한(beautiful), (정신적으로) 뛰어난(lovely) 같은 뜻인데, 한문 경전에서는 주로 뛰어나다(妙)로 옮겼다. 돠자(dvaja)는 앞에서 보았듯이 깃발(幢·旗)을 말한다. 그러므로 현장은 '뛰어난 깃발(妙幢)'이라고 옮겼는데, 꾸마라지바는 '뛰어난 소리(妙音)'라고 옮겼다. 한문에서는 뛰어난 소리(妙音)는 만주고싸(Mañju-ghoṣa) 또는 고싸(ghoṣa)를 옮긴 것인데, 밀교에선 만주스리(文殊師利)와 같은 뜻으로 쓰였다. 티베트 본에 '뛰어난 소리(妙音)'라는 붇다 이름이 나오는 것을 보면 꾸마라지바가 본 산스크리트 원본에는 '뛰어난 소리(妙音)'로 되어 있을 가능성도 있어 꾸마라지바 번역을 존중하여 그대로 따랐다.

⑥ 강가강 (Gaṅgā-nadi, 恒河 또는 恒河)

산스크리트 본에 강가-나디(Gaṅgā-nadi), 곧 강가 강江이라고 되어 있다. 인도 히말라야산맥에 근원을 두고 동쪽으로 흘러 뱅골만으로 흘러 들어가는 길이 2,500㎞의 큰 강이다. 흔히 경전에서 헤아릴 수 없이 많은 단위를 이야기할 때 '항하의 모래(恒河沙)=항하사恒河沙'라고 표현한 강이 바로 이 강이다.

그러나 '항하'는 잘 못 읽은 것이다. 현재도 인도 지도에는 이 강 이름이 '강가(Ganga)'라고 표시되어 있고, 현지에 사람들도 그렇게 부른다. 그런데 근대 인도를 지배했던 영국인들이 Ganga의 영어 복수형인 갠지스(Ganges)를 쓰면서(5강을 합해 모두 5강으로 이루어지므로 복수를 썼다) '갠지스강'으로 알려졌다. 그러므로 식민지식 발음인 '갠지스'보다는 그 민족이 자랑스럽게 쓰고 있는 '강가'를 쓰는 것이 좋다고 본다.

불교경전을 산스크리트에서 한문으로 옮길 때, 강가(Gaṅgā)를 소리 나는 대로 강가强迦 · 긍가殑迦 · 긍가恒迦로 옮기고, 그 뒤에 한문의 강江을 뜻하는 하河나 수水를 더해 긍가하恒迦河 또는 긍가수恒迦水라고 하였다. 그리고 한문의 운韻 때문에 긍가恒迦에서 1자를 줄여 긍恒에다가 하河나 수水를 붙여 긍하恒河 또는 긍수恒水라고 불렀다.

그렇다면 우리는 왜 긍하恒河를 항하恒河라고 불렀는가? 그것은 본디 [恒]이라는 한문 글자에는 [긍]과 [항]이라는 2가지 소리가 있고, [恒]은 산스크리트에서 옮긴 외래어이기 때문에 반드시 [긍]이라고 읽어야 하는데, 평소 많이 쓰는 [항]으로 잘못 읽었기 때문이다. 현재도 한국의 옥편을 보면 [恒(恒 자의 본디 글자)]자는 2가지로 읽히고 있다. '늘 · 언제나' 같은 뜻으로 새길 때는 항(hêng)이라고 읽고(보기 : 恒常), '뻗치다 · 두루미치다'는 뜻으로 새길 때는 긍(kêng)으로 읽는다. 지금 한국에서는 대부분 항하恒河로 읽고 있는데 잘못 읽은 것이며, 반드시 긍가恒迦 · 긍가하恒迦河 · 긍하恒河로 읽어야 한다(그림 참조).

　　강가강(Gaṅgā)의 실제 소릿값은 우리말의 '강가' 나 '겅가'에 가깝다. 산스크리트 홀소리(母音)에서 ā는 [a]를 길게 내는 소리지만, a는 [a]와 [ə]는 중간음으로 영어 sun(sʌn)의 [ʌ]에 가깝기 때문이다. 그리고 우리나라에서는 강 이름을 부를 때 치나(支那)처럼 하河를 쓰지 않기 때문에 강가강恒迦江이라고 읽고, 또 그렇게 옮겨야 할 것이다. 현재 아래한글이나 작은 사전에는 한자에서 '궁' 자를 치거나 찾으면 [恆] 자가 나오고, '항' 자를 치거나 찾으면 '恒' 자가 나오는데, 제대로 된 옥편을 보면 [恆] 자는 [恒] 자의 본디 글자라고 되어 있어 같은 글자라는 것을 알 수 있다.

　　한국의 한 신도가 인도에 갔을 때 강가강에서 모래를 좀 싸가지고 나오는데, 공항 근무자가 안전 검사 화면에 이상한 것이 나온다며 무엇이냐고 물었다고 한다. 뭐라고 설명해야 하는데 영어로 설명하기가 어려워 그냥 '강가' 라고만 했더니, 직원이 금방 알아듣고 통과시켜 주었다고 한다. 우리가 '금강' 이라면 알아도, 그 강을 '함강' 이라고 하면 모르는 것과 마찬가지다. 만일 우리가 지금 쓰고 있는 것처럼 '항하의 모래' 라고 했다면 못 알아들은 직원이 꺼내 보고 확인하느라 어려움이 있었을 것이다.

⑦ 넓고 긴 혀의 모습 (廣長舌相)

산스크리트의 짏벵드리인나(jihvemdriyṇa)를 옮긴 것인데 꾸마라지바나 현장 모두 넓고 긴 혀의 모습(廣長舌相)이라고 옮겨 그대로 따른다.

붇다 32상 가운데 하나로, 혀를 뻗으면 코끝까지 닿는데, 3세 동안 헛된말(妄語)을 하지 않아야 얻을 수 있는 모습이라고 한다. 사꺄무니(釋迦牟尼)는 오랜 살이(生) 동안 헛된말을 하지 않았기 때문에 혀를 뻗으면 얼굴을 덮을 수 있었다고 한다. 『숟따니빠따』 「큰 법의 품, 쎌라경」에 보면, 붇다의 32상을 의심하는 바라문 쎌라에게 '혓바닥을 내어 양쪽 귓구멍에 닿게 하고, 양쪽 콧구멍에 닿게 하고, 앞이마를 혓바닥으로 덮었다' 라고 전하고 있다.

국내의 모든 번역본은 이 부분을 우리말로 옮기지 않고 그냥 '광장설상廣長舌相' 이라고 한자 소리만 옮겼기 때문에 읽는 이들이 무슨 뜻인지 알 수 없거나, 현재 각 절(寺刹)에서 쓰고 있는 『아미타경』 처럼 아예 빼버리고 우리말로 옮기지 않는 일도 있다. 거룩한 붇다가 '긴 혀를 내밀었다' 라고 옮기는 것이 너무 불경스럽다고 생각하는 선입견 때문일 것이다. 그러나 이 모습은 분명히 거룩한 붇다 32상 가운데 하나이지 보기에 나쁜 모습이 아니다. 어떤 종족은 인사를 할 때 혀를 내밀어 사랑과 존경을 나타낸다고 한다. 경전을 솔직하게 그대로 옮기고 우리가 가진 선입견을 없애면, 아름다운 모습이 되고, 우리가 반드시 닮아야 할 모습이다.

⑧ 삼천 큰 천세계(三千大千世界) - 불교의 우주관

산스크리트 원문에는 '삼천대천세계'라는 낱말이 나오지 않고, 각기 자기 나라에서 일어나는 일로 그려지고 있다. 그러나 꾸마라지바나 현장 모두 삼천대천세계를 넣고 있어, 두 사람이 번역한 원본에는 삼천대천세계가 있었을 가능성이 크다.

삼 천 대 천 세 계(tri-sāhasra-mahā-sāhasra-loka-dhāteu, P ti-sahassī-mahā-sahassīloka-dhāteavo)란 고대 인도인의 세계(loka-dhāteu)와 우주에 관한 견해를 말할 때 많이 쓴다.

싸하쓰라(sāhasra)는 숫자 1,000(천, 千)과 관계되는 것, 1,000배(ousandfold), 아주 많은(exceedingly numerous), 그지없는(infinite) 같은 뜻이 있어, 1,000이라는 단위이면서 동시에 헤아릴 수 없이 많다는 뜻으로 쓰인다는 것을 알 수 있다. 그런데 이 1,000세계에 다시 큰 1,000세계(mahā-sāhasra)를 곱하는 큰 우주를 말한다.

인류가 사는 이 세계는 쑤메루(須彌)산을 중심으로 4개의 대륙이 있고, 그 둘레에 9개의 산과 8개의 바다로 이루어져 있는데, 이것을 작은 세계(小世界)라고 한다. 이 작은 세계는 땅속부터 하늘의 타화자재천까지 모든 것을 포함한 것으로, 쉽게 말하면 현재의 은하계라고 생각할 수 있다. 이 작은 세계를 1,000개 모은 것이 작은 천세계(小千世界), 작은 천세계를 1,000개 모은 것이 가운데 천세계(中千世界), 가운데 천세계를 1,000개 모은 것이 큰 천세계(大千世界)이다. 그런데 여기서 말하는 삼천대천세계란 바로 그런 큰 천세계가 또 3,000개가 있는 것을 말하는 것으로 끝없고 가없는 온 우주를 뜻하는 것이다.

'삼천대천三千大千은 삼천대천三天大天이어야 하는데 하늘 천天자를 1천 천千자로 잘못 쓴 것이 아니냐?'고 묻는 사람들이 꽤 있다. 불교 세계관에서 하늘(天)이란 개념은 한 세계의 부분으로, 작은 범위에 들어간다. 삼천대천 세계란 위에서 본 소·중·대 3가지 세계를 모두 일컫는 말로 간추려 셈해 보면 다음과 같다.

① 작은 세계(小世界, 은하계)×1,000개= 작은 천세계(小千世界)

② 작은 천세계(千世界)×1,000개= 가운데 천세계(中千世界)

③ 가운데 천세계×1,000개= 큰 천세계(大千世界)

④ 큰 천세계 × 3,000개 = 3천 큰 천세계(三千 大千世界)

여기서 은하계 같은 작은 세계 1,000개를 하나로 묶은 '작은 천세계(小千世界)' 라는 우주 단위가 생겨나고, 여기에 1,000을 곱하면 100만 개의 작은 세계를 가진 '가운데 천세계(中千世界)' 라는 단위가 생겨나며, 여기에 또 1,000을 곱하면 10억 개의 작은 세계를 가진 '큰 천세계' 라는 단위가 생긴다. 곧 은하계 같은 작은 세계 10억 개가 모인 것이 큰 천세계다. 그런데 이런 큰 천세계(大千世界)가 다시 3,000개, 곧 3조개의 작은 천세계가 모인 것이 바로 본문에 나오는 3,000개의 큰 천세계(三千大千世界)이다.

그리고 이 경에서 보듯이 불경에 나온 3,000 큰 천세계(三千大千世界)는 붇다 한 분이 가르침을 펴는 범위로 나온다. 그리고 또 수많은 붇다들이 존재한다. 이것이 불교의 우주관이다.

⑨ 「모든 붇다가 보살피는 경(一切諸佛所護念經)」

산스크리트 원문에 sarva-buddha-parigraham nāma dharma-par yāyam이라고 되어 있다. 모든(sarva) 붇다(buddha)가 보살펴줌(parigraha) 이라는(nāma) 가르침의 글(dharmaparyāya)이라는 뜻이다.

빠리그라하(parigraha)는 사방을 엮어 지키다(laying hold of

on all sides), 둘러싸다(surrounding), 울타리를 치다(fencing round) 같은 뜻을 가지는데, 특히 제단을 3개의 줄을 치거나 도랑을 파서 막고 지키고 보살피는 것을 뜻한다. 불경에서는 섭수攝受, 수호守護, 호념護念, 가피加被 같은 낱말로 옮겼다. 여기서는 꾸마라지바 번역대로 호념護念을 골라 우리말로 '보살피다' 라고 옮겼다. 여기서 '~이라는(nāma)' 는 낱말이 들어간 것을 보면 다음에 나오는 단어와 함께 홀이름씨(고유명사)를 이룬다는 것을 알 수 있다. 앞에서 본 붇다의 이름과 같은 경우이다. 다르마 빠랴야(dharma-paryāya)에서 다르마(dharma)는 10가지가 넘는 뜻이 있으므로 우리말로 옮길 때 그 가운데 정확한 뜻을 고르는 것이 중요하다.

여기서는 물론 붇다의 가르침(佛法)을 말한다. 빠랴야(paryāya)는 글(文章)이나 시詩의 절節 같은 것을 뜻하는데 한문 경전에서는 문門, 구절句節, 설명하는 말(言說), 경전의 가르침(經法) 따위로 옮겼다. 여기서는 꾸바라지바와 현장 모두 경經이라고 옮겨 그대로 따른다.

대부분 대승경전에서는 경의 마지막 부분에 제자들이 붇다께 '이 경의 이름은 무엇이라고 합니까?' 라고 물으면, 붇다께서 '이 경의 이름은 ~라고 해라' 라고 가르쳐 준다. 그러나 아미따경에서는 붇다가 이야기하는 동안 「모든 붇다가 보살피는 경(一切諸佛所護念經)」이라는 이름이 자연스럽게 여러 번 되풀이 된다. 그러므로 이 아미따경에 따르면 이 경전의 이름은 「모든 붇다가 보살피는 경(一切諸佛所護念經)」이다.

(2) 남녘세계 붇다들 - 「모든 붇다가 보살피는 경(經)」을 믿어라. [믿음]

한문

舍利弗, 南方世界 有日月燈佛 名聞光佛 大焰肩佛 須彌燈佛 无量精進佛 如是等 恒河沙數 諸佛 各於其國 出廣長舌相 遍覆三千大千世界 說誠實言 汝等眾生 當信是 稱讚不可思議功德 一切諸佛 所護念經.

옮긴 글

"사리뿌뜨라여, 남녘세계에는 해·달빛이라는 붇다(日月燈佛), 이름난 빛이라는 붇다(名聞光佛), 큰 빛의 바탕이라는 붇다(大焰肩佛), 쑤메루 등불이라는 붇다(須彌燈佛), 그지없는 정진이라는 붇다(无量精進佛)같이 강가강(恒河)의 모래처럼 많은 여러 붇다가 각기 자기 나라에서 넓고 긴 혀의 모습(廣長舌相)으로 삼천 큰 천세계(千世界)를 두루 덮고, 실다운 말씀으로 '너희 중생들은 헤아릴 수 없는 공덕을 칭찬한 「모든 붇다가 보살피는 경(經)」을 반드시 믿어야 한다.' 라고 말씀하신다.

풀이

① 해 · 달빛이라는 붇다(日月燈佛)

산스크리트 본에는 짠드라쑤랴-쁘라디빠(candrasūrya-pra-dipa)로 되어 있는데, 꾸마라지바는 일월등불日月燈佛, 현장은 일월광불日月光佛로 옮겼다. 짠드라(candra, 달)+쑤랴(sūrya, 해)는 해달(日月)이란 뜻이고, 쁘라디빠(pradipa)는 빛(light, 光) 또는 등(lamp, lantern, 燈)이라는 뜻이기 때문에 한국어로는 '해달빛(日月光)' 이 알맞다.

② 이름난 빛이라는 붇다(名聞光佛)

산스크리트 본에는 야샿-쁘라바(yaśaḥ-prabha)로 되어 있다. 야샿(yaśaḥ)는 야사스(yaśas)와 다른 낱말을 합해서 겹낱말(복합어)을 만들 때 쓰는 말로, 잘생긴 풍채, 아름다움, 빛남 같은 뜻이다. 각종 베다성전에는 '존경하는 대상(an object of honor)' 이나 '존경할 만한(훌륭한) 사람(a person of respectability)' 이라는 뜻으로 쓰였다. 쁘라바(prabha)는 빛(light), 빛남(splendour)을 뜻하므로 꾸마라지바는 명문名聞이라고 옮기고, 현장은 명칭名稱이라고 옮겼다. 명문名聞이란 명성名聲과 같은 뜻으로 '이름을 떨쳐 평판이 높은 것' 을 뜻하고, 명칭名稱도 '이름'

과 같은 말로 '널리 알려진 평판' 이라는 뜻이므로 모두 한국어의 '이름난' 이라는 뜻이다.

③ 큰 빛의 바탕이라는 붇다 (大焰肩佛)

산스크리트 본에는 마하-르찌-쓰간다(mahā-rci-skandha)로 되어 있는데, 꾸마라지바는 대염견불大焰肩佛, 현장은 대광온大光蘊이라고 옮겼다. 마하(mahā)는 크다(大)는 뜻이다. 아르찌(arci)는 빛살(光線, ray), 불길(焰, flame)이라는 뜻인데, 꾸마라지바는 빛살(光), 현장은 불길(焰)이라고 옮겼다. 스간다(skandha)는 원래 사람이나 동물의 어깨 부분(shoulder, 肩), 곧 목에서 어깨관절까지 이어지는 윗부분을 뜻하기 때문에 꾸마라지바는 어깨(肩)라고 옮겼다. 한편 아타르바베다(Atharva-veda)에서는 나무의 줄기, 특히 가지가 나오는 부분을 나타내는 낱말로, 동물이나 나무의 핵심적으로 중요한 부분을 뜻하는 것이기 때문에 산스크리트-영어 사전에서는 불교에서 쓰는 5온五蘊을 '사람을 구성하는 5가지 요소(the 5 constituent elements of being)' 라고 하였다. 한자에서 온蘊은 쌓다·모이다(積聚)와 같은 뜻과 아울러 '갈래(種類)에 따라 서로 다른 것끼리 갈라놓는 것(區別)', 곧 '유별(類別)' 이라는 뜻도 있다. 그러므로 현장은 갈래(種類)라는 뜻에서 온蘊이라고 옮긴 것이다. 여기서 쓰간다(skandha)는 한자의 요소要素 요인要因이라는 뜻이 있으므로 이에 알맞은 한국어의 '바탕'이라고 옮겼다. 꾸마라지바가 옮길 당시에는 불교를 통한 산스크리트의 영향을 받아 어깨 견肩자에 바탕이란 뜻이 있었는데, 나중에 사전에서 없어졌을 가능성이 크다. 그렇지 않으면 큰 빛살 어깨(大焰肩)라고 옮기지는 않았을 것이다.

④ 그지없는 정진이라는 붇다 (无量精進佛)

산스크리트 본에는 아난따-비랴(ananta-vīrya)라고 되어 있다. 아난따(ananta)는 끝없는(endless) 가없는(boundless) 끊임없는(eternal), 그지없는(infinite)이라는 뜻이고, 비랴(vīrya)는 용감(manliness), 용맹(valor), 용기(strength), 힘(power), 정력(energy)이라는 뜻이다. 꾸마라지바는 그지없는 정진(無量精進), 현장은 가없는 정진(無邊精進)이라고 옮겼는데, 그지없는 정진(無量精進)으로 옮긴다.

(3) 서녘세계 붇다들 - 「모든 붇다가 보살피는 경(經)」을 믿어라. [믿음]

한문

舍利弗, 西方世界 有無量壽佛 无量相佛 無量幢佛 大光

佛 大明佛 寶相佛 淨光佛 如是等 恒河沙數 諸佛 各於其
國 出廣長舌相 遍覆三千大千世界 說誠實言 汝等衆生 當
信是 稱讚不可思議功德 一切諸佛 所護念經.

옮긴 글

"사리뿌뜨라여, 서녘세계에는 그지없는 목숨이라는 붇다(無
量壽佛), 그지없는 바탕이라는 붇다(无量相佛), 그지없는 깃발
이라는 붇다(無量幢佛), 큰 빛이라는 붇다(大光佛), 큰 밝음이
라는 붇다(大明佛), 보배깃발이라는 붇다(寶相佛), 맑게 비치는
빛이라는 붇다(淨光佛)같이 강가강(恒河)의 모래처럼 많은 여
러 붇다가 각기 자기 나라에서 넓고 긴 혀의 모습(廣長舌相)으
로 삼천 큰 천세계(千世界)를 두루 덮고, 실다운 말씀으로 '너
희 중생들은 헤아릴 수 없는 공덕을 칭찬한「모든 붇다가 보살
피는 경(經)」을 반드시 믿어야 한다.' 라고 말씀하신다.

풀이

①그지없는 목숨이라는 붇다 (無量壽佛)

제목을 설명하는 주에서 이미 자세하게 보았듯이 아미따웃
(amitāyus, 無量壽)=그지없는(amita, 無量)+목숨(āyus, 壽)이라
는 뜻이다. 꾸마라지바가 이 아미따-웃(amitāyus, 無量-壽)과 아
미따-바(amitābha, 無量-光)의 공통분모인 아미따(amita, 無量)

를 가지고 아미따-불(amita buddha, 無量-佛)이라는 이름을 만들어 냈다는 것은 앞에서 보았다. 그렇게 되면 다음에 나오는 아미따-쓰깐다(amita-skandha, 無量-相), 아미따-돠자(amita-dvaja, 無量-幢)도 모두 '아미따불'이라 부를 수 있게 되고, 극락에 계시는 아미따불과 다른 아미따불과의 구별이 없어진다는 문제를 해결할 수 없게 된다. 현장 번역본과 티베트어 번역본에는 아미따불(無量佛)이라는 이름이 없고, 모두 아미따윳(amitāyus, 無量壽)이나 아미따바(amitābha, 無量光)로 옮겼다. 여기에 나오는 그지없는 목숨이라는 붇다가 이 경의 주된 붇다인 아미따윳을 뜻하는지 아니면 같은 이름을 가진 다른 붇다인지는 분명하지 않다.

② 그지없는 바탕이란 붇다 (無量相佛)

산스크리트 본에는 아미따-쓰깐다(amita-skandha)로 되어 있고, 현장이나 티베트어 번역본에는 모두 무량온불無量蘊佛이라고 옮겼다. 쓰깐다(skandha)는 우리가 많이 쓰는 5온五蘊의 온蘊이란 뜻이 있기 때문이다. 꾸마라지바는 쓰깐다(skandha)를 상相이라고 옮겼는데, 현재 사용하는 한자 옥편에는 상相 자에 쓰깐다(skandha)와 통하는 뜻이 없다. 쓰깐다(skandha)는 구성요소라는 뜻이고, 이에 알맞은 한국어는 바탕이기 때문에 그지없는 바탕이라고 옮긴다.

③ 큰 밝음이라는 붇다(大明佛)

산스크리트 본에는 이 붇다의 이름이 없다.

④ 보배깃발이라는 붇다 (寶相佛)

현장은 큰 보배깃발(大寶幢) 여래라고 옮겼다. 산스크리트 본에는 마하-라뜨나-께뚜(mahā-ratna-ketu)라고 되어 있어 현장의 번역과 일치한다. 앞에서 보았지만 꾸마라지바는 늘 깃발을 '상相' 이라고 옮기고 있는데, 당시에는 상相 자에 그런 뜻이 있었는지도 모른다. 보배깃발이라는 붇다로 옮긴다.

⑤ 맑게 비치는 붇다 (淨光佛)

산스크리트 본에는 숟다-라스미-쁘라바(śuddha-raśmi-prabha)라고 되어 있다.

숟다(śuddha)는 깨끗한(clean), 맑은(pure, clear) 이라는 뜻이고, 라스미(raśmi)는 보통 끈(string), 줄(rope)이라는 뜻으로 쓰이는데 리그베다에서는 빛살(光線, a ray of light, beam), 빛남(splendor)이라는 뜻으로 쓰였다. 마지막에 오는 쁘라바(prabha)는 빛(light, 光)이라는 뜻이기 때문에 '맑게 비치는 빛' 이라는 붇다로 옮긴다. 꾸마라지바는 맑은 빛이라는 붇다로 옮기고, 현장은 빛을 내는(放光) 여래로 옮겼다.

(4) 북녘세계 붇다들 - 「모든 붇다가 보살피는 경(經)」을 믿
    어라. [믿음]

舍利弗, 北方世界 有焰肩佛 寂勝音佛 難沮佛 日生佛
網明佛 如是等 恒河沙數 諸佛 各於其國 出廣長舌相 遍覆
三千大千世界 說誠實言 汝等衆生 當信是 稱讚不可思議
功德 一切諸佛 所護念經.

"사리뿌뜨라여, 북녘세계에는 빛의 바탕이라는 붇다(焰肩
佛), 거침없는 소리라는 붇다(寂勝音佛), 맞설 수 없음이라는
붇다(難沮佛), 해로 태어남이라는 붇다(日生佛), 빛나는 그물이
라는 붇다(網明佛)같이 강가강(恒河)의 모래처럼 많은 여러 붇
다가 각기 자기 나라에서 넓고 긴 혀의 모습(廣長舌相)으로 삼
천 큰 천세계(千世界)를 두루 덮고, 실다운 말씀으로 '너희 중
생들은 헤아릴 수 없는 공덕을 칭찬한 「모든 붇다가 보살피는
경(經)」을 반드시 믿어야 한다.' 라고 말씀하신다.

① 거침없는 소리라는 붇다 (寂勝音佛)

산스크리트 원문은 바이스바나라-니르고사(vaiśvānara-nirghoṣa)인데, 꾸마라지바는 '가장 나은 소리라는 붇다(最勝音佛)'라고 옮겼다. 바이스바나라(vaiśvānara)는 어디든지 있는(omnipresent), 어디서나 섬기는(worshipped everywhere), 거침새 없는(universal, 自在), 세간에 널리 퍼진(general), 뭇 사람의(common)라는 뜻이고, 니르고사(nirghoṣa)는 소리(sound)라는 뜻이기 때문에 '거침없는 소리라는 붇다'라고 옮겼다.

② 맞설 수 없음이라는 붇다 (難沮佛)

산스크리트 원문은 두스쁘라다르사(duṣpradharṣa)인데, 맞설 수 없는·만질 수 없는(not to be assailed or touched), 알 수 없는·손댈 수 없는(intangible)이란 뜻이므로, '맞설 수 없음이라는 붇다'라고 옮겼다. 꾸마라지바는 막기 힘든 붇다(難沮佛)라고 옮기고, 현장 본에는 없다.

③ 해로 태어남이라는 붇다 (日生佛)

산스크리트 원문은 아디땨-쌈바바(āditya-saṃbhava)인데, 아디땨(āditya)는 해(日)나 해신에 관한 것(relating to the god of the sun, 太陽神)을 뜻하고, 쌈바바(saṃbhava)는 태어남(生)을 뜻하므로 해로 태어남이라는 붇다로 옮긴다. 꾸마라지바는 원문 뜻대로 해로 태어남이라는 붇다(日生佛)라고 옮겼고, 현장은 큰 바탕의 붇다(大蘊佛)라고 옮겼다.

④ 빛나는 그물이라는 붇다 (網明佛)

산스크리트 원문은 잘리니쁘라바(jālinīprabha)인데, 잘린(jālin)은 그물을 가진(having a net)·그물 꼴의(retiform) 라는 뜻이고, 쁘라바(prabha)는 빛이라는 뜻이기 때문에 빛나는 그물이라는 붇다로 옮겼다. 꾸마라지바는 그물빛(網明)이라고 옮기고 현장은 빛나는 그물(光網)이라고 옮겼다.

(5) 아랫녘세계 붇다들 - 「모든 붇다가 보살피는 경(經)」을 믿어라. [믿음]

한문

舍利弗, 下方世界 有師子佛 名聞佛 名光佛 達摩佛 法幢佛 持法佛 如是等 恒河沙數 諸佛 各於其國 出廣長舌相 遍覆三千大千世界 說誠實言 汝等衆生 當信是 稱讚不可思議功德 一切諸佛 所護念經.

옮긴 글

"사리뿌뜨라여, 아랫녘세계에는 사자라는 붇다(師子佛), 좋은 평판이라는 붇다(名聞佛), 이름난 빛이라는 붇다(名光佛), 다르마라는 붇다(達摩佛), 법의 깃발이라는 붇다(法幢佛), 법을 갖춤이라는 붇다(持法佛)같이 강가강(恒河)의 모래처럼 많은 여러 붇다가 각기 자기 나라에서 넓고 긴 혀의 모습(廣長舌相)으로 삼천 큰 천세계(千世界)를 두루 덮고, 실다운 말씀으로 '너희 중생들은 헤아릴 수 없는 공덕을 칭찬한 「모든 붇다가 보살피는 경(經)」을 반드시 믿어야 한다.' 라고 말씀하신다.

풀이

① 좋은 평판이라는 붇다 (名聞佛)

산스크리트 야사(Yaśa)는 이름이 널리 알려져 있음(fame, 有名), 좋은 평판(renown, 名聲)과 같은 뜻인데, 꾸마라지바와 현장 모두 명문名聞이라고 옮겼다. '좋은 평판이라는 붇다' 로 옮긴다.

② 이름난 빛이라는 붇다 (名光佛)

산스크리트는 야샿뿌라바(Yaśaḥprabha)인데, 야샿(Yaśaḥ)는 야사(Yaśa)를 겹낱말(합성어)로 만들 때 쓰는 법으로 '이름난 빛' 이라는 붇다로 옮긴다.

③ 법을 갖춤이라는 붇다 (持法佛)

다르마-다라(Dharma-dhara)의 다라(dhara)는 인도의 전통 신

인 크리슈나와 시바가 말하는 '세계를 낳고(bearing), 지탱하는
것(supporting)'을 뜻하는 것으로, 가짐(holding), 옮김(carrying),
입음(wearing), 갖춤(possessing), 지님(keeping) 떠받침(sustain-
ing) 차림(serving), 지킴(observing) 같은 여러 가지 뜻을 갖는
다. 여기서는 '법을 갖춤이라는 분다'로 옮긴다.

(6) 윗녘세계 분다들 - 「모든 분다가 보살피는 경(經)」을 믿
   어라. [믿음]

한문

   舍利弗, 上方世界 有梵音佛 宿王佛 香上佛 香光佛 大
焰肩佛 雜色寶華嚴身佛 娑羅樹王佛 寶華德佛 見一切義
佛 如須弥山佛 如是等 恒河沙學 諸佛 各於其國 出廣長舌
相 遍覆三千大千世界 說誠實言 汝等衆生 當信是 稱讚不
可思議功德 一切諸佛 所護念經.

옮긴 글

   "사리뿌뜨라여, 윗녘세계에는 브랗마의 소리라는 분다(梵音
佛), 별자리 임금이라는 분다(宿王佛), 향기로운 임금이라는 분
다(香上佛), 향기로운 빛이라는 분다(香光佛), 큰 빛의 바탕이

라는 붇다(大熖肩佛), 보석과 꽃으로 꾸민 몸이라는 붇다(雜色寶華嚴身佛), 살라(śāla) 임금이라는 붇다(娑羅樹王佛), 보석 꽃 같은 덕이라는 붇다(寶華德佛), 모든 바른 도리를 봄이라는 붇다(見一切義佛), 쑤메루산 역량이라는 붇다(如須弥山佛) 같이 강가강(恒河)의 모래처럼 많은 여러 붇다가 각기 자기 나라에서 넓고 긴 혀의 모습(廣長舌相)으로 삼천 큰 천세계(千世界)를 두루 덮고, 실다운 말씀으로 '너희 중생들은 헤아릴 수 없는 공덕을 칭찬한 「모든 붇다가 보살피는 경(經)」을 반드시 믿어야 한다.' 라고 말씀하신다.

풀이

① 브랗마 소리라는 붇다 (梵音佛)

브랗마-고싸(Brahma-ghoṣa)를 옮긴 것으로 브랗마는 한자로 범梵 · 범천梵天 · 범천왕梵天王 따위로 옮기는데, 바라문교의 우주 창조신을 말한다. 여기서는 브랗마의 소리라는 붇다로 옮긴다.

② 별자리 임금이라는 붇다 (宿王佛)

낙샤뜨라-라자(Nakṣatra-rāja)를 옮긴 것으로, 낙샤뜨라(Nakṣatra)는 별(a star)이나 별자리(the stars)를 뜻하고, 라자(rāja)는 임금(王)을 뜻하기 때문에 별자리 임금이라는 붇다로 옮긴다. 꾸마라지바는 '별자리 수宿' 자를 써서 수왕불宿王佛이라고 옮겼다. 宿자를 '잘 숙' 자로 읽은 번역본들이 많은데, 별자리를 나타낼 때는 '수' 자로 읽어야 한다.

③ 향기로운 임금이라는 붇다 (香上佛)

꾸마라지바가 향상불香上佛이라고 옮겼는데, 현장 번역본에는 이 붇다의 이름이 빠져 있다. 산스크리트 본은 간돋따마(Gand-hottama)로 되어 있는데, 산스크리트에서 간다(gandha)가 향내(香氣)를 뜻하기 때문에 나머지 -ttama로 겹낱말(합성어)을 만들어 보려 했지만 되지 않았다. 그런데 산스크리트-영어 사전에 간돋따마(Gandhôttamā)라는 낱말이 있고 그 뜻이 알코올이나 포도로 만든 술(spirituous or vinous liquor)이라고 되어 있다. 그렇다고 붇다의 이름이 향기 나는 술이 될 수가 없을 것이고, 꾸마라지바가 술이란 낱말을 상上이라는 낱말로 틀리게 옮길 리도 없다. 그래서 이미 한자로 옮긴 향상香上이라는 낱말에서 상上자를 자세하게 검토해 보니 하늘·임금 같은 뜻이 있어 '향기로운 임금' 이라는 붇다로 옮겼다.

④ 향기로운 빛이라는 붇다 (香光佛)

산스크리트 간다-쁘라바싸(Gandha-prabhāsa)를 정확하게 직역한 것이다.

⑤ 보석과 꽃으로 꾸민 몸이라는 붇다 (雜色寶華嚴身佛)

산스크리트 본에는 라뜨나(Ratna, 보석)-꾸스마(kusuma, 꽃)-쌈뿌스삐따(sampuṣpita, flowered, 꽃으로 꾸며진)-가뜨라(gātra, 몸)라는 긴 겹낱말(合成語)로 되어 있다. 잡색雜色은 갖가지 빛깔이란 뜻인데, '보석과 꽃'이라는 표현 자체에 이미 갖가지란 겹자리(複數)의 뜻을 지니고 있으므로 여기서는 줄인다.

⑥ 살라(śāla) 임금이라는 붇다 (娑羅樹王佛)

싼스크리트 쌀렌드라-라자(Śālendra-rāja)를 꾸마라지바는 Śālendra(娑羅樹)-rāja(王)라고 옮겨 사라수왕불(娑羅樹王佛)이라고 옮겼고, 현장 번역본에는 이 이름이 없다.

산스크리트-영어 사전에는 쌀렌드라(Śālendra)라는 낱말이 나오지 않고, 뒤에 발간된 산스크리트-일본어 사전에는 쌀렌드라-라자(Śālendra-rāja)라는 올림말(標題語)을 올리고 아미따경에 나온 낱말이라는 것을 표시하였다. 그리고 '소리 나는 대로 옮긴 것(音寫)'이라며 뜻은 사라왕娑羅王, 사라수왕娑羅樹王, 사라제왕(娑羅帝王)이라고 하였다. 이 사전대로라면 쌀렌드라(Śālendra)=사라수娑羅樹가 되는데 꾸마라지바의 번역을 그대로 옮긴 것으로 보인다.

그러나 산스크리트-영어사전에는 앞에서 보았듯이 쌀렌드라라는 낱말은 없고, 그 대신 살라(śāla)가 이른바 사라수娑羅樹

라고 나온다.

> śāla [남 · 여 · 중성] : 집에 있는(being in a house)
> [남성] : ① 울타리(an enclosure), 뜰(court), 담(fence), 성벽
> (rampart), 벽(wall).
> ② 살나무(the Śāl tree, 값비싼 목재로 쓰이는 나무).
> 학명 : Vatica Robusta.
> ③ 나무(any tree)
> sala [남성] : (often incorrectly written for śāla) (뜻은 위와 같다).

살라(śāla)는 여러 가지 뜻으로 쓰이지만, 불교 경전에 많이 나오는 나무 이름은 '살 나무(the Śāl tree)' 라고 설명하고 있다. 다시 말해 살라(śāla)라는 낱말 자체가 나무라는 뜻이므로 '살라(śāla)' 라고만 해도 한문에서 옮긴 사라수(娑羅樹)가 되는 것이다. 실제로 옮긴이가 붇다가 열반에 든 쿠시나가르에 갔을 때 어린이들이 몰려와 거기 있는 큰 나무들을 가리키며 '살' 이라고 한 것을 보면 현재도 인도에서는 이 나무를 '살(나무)' 이라 하고 있다는 것을 알 수 있고, 영어사전에도 'sal' 이라는 올림말이 있다.

한편 위에서 보는 바와 같이 산스크리트-영어 사전에 쌀-라

(sāla)라는 다른 올림말을 넣고, '살라(śāla)를 잘못 쓸 때가 많다 (often incorrectly written for śāla)'고 설명하였다.

여기서는 쌀렌드라(Sālendra)의 정확한 뜻을 모르기 때문에 꾸마라지바의 번역에 따라 살라(śāla)로 옮겼다.

⑦ 보석 꽃 같은 덕이라는 분다 (寶華德佛)

산스크리트 라뜨노빨라-스리(Ratnopala-śri)를 꾸마라지바가 '보석 꽃 같은 덕(寶華德)'이라고 옮겼고 현장은 '붉은 연꽃 같은 뛰어난 덕(如紅蓮花勝德)'이라고 옮겼는데, 여기서는 꾸마라지바가 옮긴 것을 따른다. 라뜨나(ratna)는 보석이지만 라뜨노빨라(ratnopala)라는 낱말은 사전에서 찾지 못해 한자로 옮긴 것을 참고하였고, śri(또는 śrī)는 현인(light), 영예(lustre), 화려함 (splendour), 명예(glory), 훌륭함(beauty), 번영(prosperity), 복지 (welfare), 행운(good fortune), 경사(auspiciousness), 높은 신분 (high rank), 권위(majesty), 훌륭한 기품(royal dignity) 같은 갖가지 뜻이 있는데, 두 번역자의 번역에 따라 덕德으로 옮긴다. 당나라 때 만든 산스크리트 사전인 『당범문자唐梵文字』에는 guṇa 를 덕德으로 옮기고 있는데, 공덕功德으로 옮기는 경우도 많다.

⑧ 모든 바른 도리를 봄이라는 분다 (見一切義佛)

산스크리트로 싸르바르타다르사(Sarvārthadarśa)인데, 싸르바(Sarva)-아르타(artha)-다르사(darśa)의 겹낱말이다. 싸르바(sarva)는 모든(一切)이라는 뜻이고, 아르타(artha)는 사전에 이익(advantage), 유용(use), 쓸모 있음(utility), 남에게 행복을 빌어 줄 때 쓴다(used in wishing well to another)고 되어 있는데, 당나라 때 삼장법사 의정義淨이 편찬한『산스크리트 천자문(梵語千字文)』에는 'artha=바른 도리(義)' 라고 되어 있다. 마지막 다르사(darśa)는 보다(looking at)라는 뜻이므로 '모든 바른 도리를 봄이라는 붇다' 로 옮긴다.

⑨ 쑤메루 역량이라는 붇다(如須彌山佛)

쑤메루-깔빠(Sumeru-kalpa)의 쑤메루는 산(須彌山) 이름이고 깔빠(kalpa)는 유능한(competent), 같은·(충분한) 역량이 있는(equal to) 이란 뜻이 있으므로 쑤메루 같은 역량이라는 붇다로 옮겼다.

4) 극락 가는 길④ [마지막 당부] - 반드시 믿고 극락에 태어나길 바라야 한다. [믿음] [바람] [닦음] [가서 태어남]

舍利弗, 於汝意云何, 何故名爲 一切諸佛所護念經.

舍利弗, 若有善男子善女人 聞是經受持者 及聞諸佛名者 是諸善男子善女人 皆爲一切諸佛共所護念 皆得不退轉於阿耨多羅三藐三菩提.

是故 舍利弗, 汝等 皆當信受我語 及諸佛所說.

舍利弗, 若有人 已發願 今發願 當發願 欲生阿弥陁佛國者, 是諸人等 皆得不退轉於阿耨多羅三藐三菩提, 於彼國土 若已生 若今生 若當生.

是故 舍利弗, 諸善男子善女人 若有信者 應當發願 生彼國土.

옮긴 글

"사리뿌뜨라여, 어떻게 생각하는가? 왜「모든 붇다가 보살피는 경(經)」이라고 부르겠는가?"

"사리뿌뜨라여, 만일 어떤 선남선녀가 이 경을 듣고 받아 마음에 새기거나, 여러 붇다의 이름을 듣는다면, 그 선남선녀들은 모든 붇다들의 보살핌을 받아 모두 다 아눋따라-싸먁-쌈보디에서 물러서지 않는 자리(不退轉)를 얻기 때문이다."

"그러므로 사리뿌뜨라여, 여러분은 모두 내 말과 여러 붇다께서 하신 말씀을 반드시 믿고 받아들여야 한다."

"사리뿌뜨라여, 만일 이미 바라는 마음을 냈거나, 지금 바라는 마음을 내거나, 앞으로 바라는 마음을 내서 아미따 붇다의

나라에 태어나고자 하면, 이 사람들은 모두 아눋따라-싸먁-쌈
보디에서 물러서지 않는 자리를 얻어 그 나라에 이미 태어났거
나, 지금 태어나거나, 앞으로 태어날 것이다."

"그러므로 사리뿌뜨라여, 모든 선남선녀가 만일 믿음이 있다
면, 반드시 그 나라에 태어나길 바라는 마음을 내야 한다."

풀이

(1) 아눋따라-싸먁-쌈보디

(阿耨多羅三藐三菩提, anuttara-samyak-saṁbodhi)

산스크리트 아눋따라-싸먁-쌈보디 (anuttara-samyak-
saṁbodhi)는 경전에서 아주 많이 나오는 말로 흔히 우리나라에
서 '아뇩다라삼먁삼보리' 라고 읽는 것인데, 다음 세 낱말을 합
친 것이다.

① 아눋따라(anuttara) : 위 없는 · 가장 좋은(best), 뛰어난(ex-
cellent).
② 싸먁(samyak) : 한 줄을 이루다(forming one line), 옳은
(dcorrect), 빈틈없는(accurate), proper, 올바른(true), 바른
(right).
③ 쌈보디(saṁbodhi) : 더할 나위 없는 깨달음(perfect knowl-
edge or enlightenment).

이 세 낱말을 옮겨 보면 뛰어나고, 빈틈없고, 더할 나위 없는 깨달음이다. 한문 경전에서는 무상無上·정등正等·정각正覺·무상정진도無上正眞道·무상정변지無上正遍知라고 하였다.

앞에서 현장이 번역하지 않고 소리 나는 대로 옮긴 5가지를 보았는데, 그 가운데 4번째가 바로 이 아눋따라-싸먁-쌈보디(anuttara-samyak-saṁbodhi, 阿耨多羅三藐三菩提)다. 옛날 치나(支那)에서는 국가적 사업으로 벌인 역경 사업을 위해 총기 있는 아이들을 뽑아 어려서부터 산스크리트와 한문을 익혀 장기적인 사업으로 번역했기 때문에 완벽한 어학 실력과 확실한 기준을 가지고 진행되었다. 그러므로 우리 글로 옮길 때도 그 원칙을 존중할 필요가 있다. 다만 뜻글인 한자에 비해 소리글인 한글은 한자보다 완벽한 소릿값을 낼 수 있으므로 산스크리트 본을 참조하여 원문에 가까운 소리로 옮기는 작업은 필요하다.

4. 마무리

1) 사꺄무니 붇다는 「믿기 어려운 경」을 말씀하였다. [믿음]

한문

　舍利弗 如我今者 稱讚諸佛不可思議功德 彼諸佛等 亦
稱說我不可思議功德, 而作是言 釋迦牟尼佛 能爲甚難希
有之事 能於娑婆國土 五濁惡世 劫濁・見濁・煩惱濁・
衆生濁・命濁中 得阿耨多不羅三藐三菩提 爲諸衆生 說
是一切世間 難信之法.

　舍利弗 當知 我於五濁惡世 行此難事 得阿耨多羅三藐
三菩提, 爲一切世間 說此難信之法 是爲甚難.

옮긴 글

　"사리뿌뜨라여, 내가 이제 여러 붇다들의 헤아릴 수 없는 공
덕을 칭찬한 것처럼, 저 여러 붇다들도 나의 헤아릴 수 없는 공
덕을 칭찬하기를, '사꺄무니 붇다는 매우 어렵고 드문 일을 해
냈다. 세상이 끝판이 되고(劫濁) 삿된 생각으로 가득 차고(見
濁) 번뇌 때문에 어지럽고(煩惱濁) 죄와 불의에 물들고(衆生濁)
목숨은 줄어드는(命濁) 5가지 죄악으로 더럽혀진(五濁惡世) 싸

하세계 속에서 아눈따라-싸먁-쌈보디를 얻고, 모든 중생을 위해 세상에서 믿기 어려운 가르침을 주셨다' 라고 하신다."

"사리뿌뜨라여, 내가 5가지 더러움으로 물든 죄악의 세상에서 이처럼 어려운 일을 하여 아눈따라-싸먁-쌈보디를 얻고, 모든 세상을 위해 이처럼 믿기 어려운 가르침을 주는 것은 아주 어려운 일이라는 것을 마땅히 알아야 한다."

풀이

1) 사꺄무니(Śākya-muni, P Sakya-muni, 釋迦牟尼)

사꺄(Śakya)는 겨레(種族) 이름을 말하고, 무니(muni)는 거룩한 사람(聖者)을 뜻한다. 그러므로 사꺄무니(Śakyamuni)는 샤캬족 출신의 거룩한 사람(聖者)이라는 뜻이다. 한문으로 그 소릿값을 따서 석가무니釋迦牟尼 · 석가문니釋迦文尼 · 사가야무니奢迦夜牟尼 · 석가무낭釋迦牟曩 · 석가문釋迦文이라고 옮겼는데, 모두 사꺄무니로 읽으면 된다. 불교에서는 막힘없이 어진(能仁) · 막힘없이 참는(能忍) 같은 뜻을 가진다.

6세기 전후 당시 수나라나 당나라에서 '샥카머우니' 라고 거의 같은 소리를 냈다. 그러나 현재 중국에서는 스지아머우니(Shi-jia-mou-ni)로 읽어, 번역 당시와는 완전히 다른 소리가 나오기 때문에 처음에 '번역을 하지 않고 소리 나는 대로 옮긴 뜻'이 완전히 죽어 버렸다. 한국에서는 석가모니(Sōkamoni)로 읽어서 이 또한 '원래 번역하지 않았던 본뜻'이 완전히 빛바랜 결과가 되었다. 세계적으로 으뜸가는 우리 글 바른소리(正音)로는 '사꺄무니'라고 거의 흠이 없는 소리를 옮길 수 있다.

부처님 시대에도 수행하는 비구와 비구니도 부처님의 아들딸이라고 해서 제자들이 사꺄(Śakya)라는 성을 썼다. 그 뒤 치나(支那)에서 옮기면서 Śakya=釋迦로 옮겼고, 치나(支那) 사람들은 대부분 외자 성性을 쓰기 때문에 '釋'이라고 줄여서 쓰기 시작하면서 일반화되었다. 그 뒤 일본과 한국으로 불교가 퍼지면서 한국과 일본의 빅슈와 빅슈니들도 이 성을 쓰기 시작하였다.

우선 중국에서 사꺄(釋迦)를 사(釋)로 줄여서 쓴 것은 습관에 따라 편리하게 줄여 썼지만 엄격하게 말하면 이것은 크게 논리를 벗어난 것이다. 다시 산스크리트로 되돌려보면 부처님 성씨가 Śakya(사꺄)→Śa(사)씨로 성이 바뀌어 버린 것이다. 예를 들어 미국의 Obama(오바마) 대통령을 O(오) 대통령이나 Oba(오바) 대통령으로 부른다든가, 교황 요한(John)을 Jo(요) 교황이라고 부른다면 큰 실례가 될 것이다. 일본의 나까무라(中村)를 줄여서 '나까(中)'라고 부른다든가, 한어식으로 '쫑(中)'이나, 한국식으로 '중中'이라고 부르면 그것은 이미 성씨가 아니다.

중국·한국·일본의 비구가 함께 만나 한자로 된 명함을 보면 모두 같은 釋자 성을 써서 석釋, 다시 말해 Śa(사)씨 성을 가

진 부처님의 제자, 또는 후손이라는 것을 알 수 있다. 이것이 뜻
글자의 장점이다. 그러나 막상 이야기하면서 성씨를 불러 보면
전혀 다른 부처님 제자들이 된다.

중국 : Shi(쓰, 권설음)
한국 : Sŏk(석)
일본 : Shaku(샤꾸, しゃく)
베트남 : Thich(틱). 보기 : 틱낫한(Thich Nhat Hanh)

중국 스님은 '쓰' 씨의 제자이고, 한국 스님은 '석' 씨 제자이
고, 일본 스님은 '샤꾸' 씨 제자들이고, 베트남 스님은 '틱' 씨의
제자가 되는 것이다.

우리나라에서 흔히 '~모니牟尼' 라고 하는 것도 잘못된 것이
고, 반드시 '~무니牟尼' 라고 불러야 한다. 우리 옥편을 보면 '牟'
자는 '모' 와 '무' 2가지 소리가 난다.

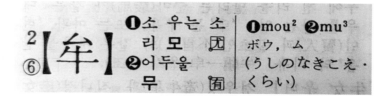

이 점은 중국어나 일본어에서도 마찬가지다. 정리해 보면 다음과 같다.

　　[牟] 한국어 ❶ (소우는 소리) 모 ❷ (어두울) 무

　　　　중국어 ❶ mou(머우) ❷ mu(무)

　　　　일본어 ❶ ぼう(보우) ❷ む (무)

　　　　영어 Sakya-mu-ni

심지어는 영어까지도 모두 '무' 라고 읽는다는 것을 알 수 있다.

2) 세상이 끝판이 되고 (劫濁, kalpa-kaṣāye)

　산스크리트에서 까싸예(kaṣāye)는 ① 쓰레기(dirt), 더러움(filth), ② 영혼에 깃든 얼룩(stain), 불순물(impurity), 죄(sin); 둔함(dulness), (불교에서 5가지) 타락(degeneracy)과 같은 뜻이 있다. 붇다는 지금 우리가 사는 세상을 5가지 더러움(濁)에 빠져 있다고 하였다.

　그 가운데 첫째가 깔빠 까싸예(kalpa-kaṣāye)다. 깔빠(kalpa, 劫)는 앞에서 여러 번 나왔는데, 여기서는 불교의 시간관념으로 말하는 것으로, 세계가 생겨나서 없어지는 한 세상을 1깔빠라고 한다. 여기서 깔빠 까싸예(kalpa-kaṣāye)는 한 세상의 끝(the end of a Kalpa, 末世), 세상의 파멸(destruction of the world)

을 말한다.

3) 삿된 생각으로 가득차고 (見濁, dṛṣṭi-kaṣāya)

드리쓰띠(dṛṣṭi)는 보는 것, 의견, 견해를 말하는 것으로, 견해
가 타락한 것, 곧 편견을 말한다.

4) 번뇌 때문에 어지럽고 (煩惱濁, kleśā-kaṣāye)

번뇌 때문에 생기는 타락, 곧 탐내고, 성내고, 어리석은 번뇌
에 찬 인간의 모습을 말한다.

5) 죄와 불의에 물들고 (衆生濁, sattva-kaṣāye)

인과를 두려워하지 않는 중생의 타락을 말한다.

6) 목숨은 줄어드는 (命濁, āyuṣkaṣāye)

중생의 수명이 차츰 짧아지는 것으로, 말세에 가면 10살까지
내려간다고 한다. 나이가 30살까지 짧아지면 대승大乘이 없어
지고, 20살까지 짧아지면 소승小乘이 없어지고, 10살까지 짧아
지면 '나모아미따불' 6자만 남는다고 한다.

7) 싸하세계(Sahā-lokadhātu, 娑婆國土)

한자는 소리 나는 대로 사바娑婆 · 사하沙訶 · 사하沙呵 · 색하

索訶라고 했고, 뜻으로는 참고 견딤(堪忍)·참는 나라(忍土)로 옮겼다. 사꺄무니 붇다가 태어난 이 세상을 말한다. 이 땅의 중생은 여러 가지 번뇌를 참고 나가야 하고, 또 성인도 이곳에서 어려움을 참고 교화해야 하므로 이 세상을 '참고 견디는 나라'라고 하였다. 우리가 흔히 '사바세계'라고 하는데, 한자에서 사바娑婆와 사하(沙訶·娑呵)가 다 나오는데, 옮길 당시는 사바娑婆를 '사하'라고 읽었을 것이다.

홍법원 사전에는 싸하(Sahā)와 싸바(Sabhā) 두 개의 산스크리트 낱말이 다 나오는데, 불광사전에서는 싸바(Sabhā)는 나오지 않는다. 산스크리트-영어 사전에는 사바세계를 나타내는 낱말로 싸하(Sahā)만 들고 있고, 싸바(Sabhā)는 모임(assembly), 회합(congregation), 만남(meeting), 회의(council) 같은 뜻만 있고 '참고 견디다'라는 뜻이 없다. 홍법원 사전에는 또 싸바-빠띠(Sabhā-pati)가 '사바세계 주, 곧 범천을 말함'이라고 했는데, 산스크리트-영어사전에는 모임의 우두머리(the president of assembly)라는 뜻만 나와 있고 그런 뜻이 없다. 결과적으로 사바세계는 싸하세계라고 하는 것이 옳다고 보아, 여기서는 '싸하세계'로 옮겼다.

2) 모두 기뻐하며 믿고 받아들였다. [믿음] [바람]

한문

佛說此經已 舍利弗 及諸比丘 一切世間 天人阿修羅等
聞佛所說 歡喜信受 作禮而.

옮긴 글

붇다께서 이 경을 다 말씀하시자, 사리뿌뜨라와 여러 빅슈(比
丘)들, 온갖 천신과 사람들, 그리고 아수라들이 붇다 말씀을 듣
고 크게 기뻐하며 믿고 받아들인 뒤, 절하고 물러갔다.

풀이

1) 아쑤라(Asura, 阿修羅)

지옥 · 아귀 · 짐승 · 사람 · 아수라 · 하늘 같은 6가지 윤회의
길(6도) 가운데 하나. 고대 인도에서는 아수라를 싸움을 일삼는
귀신으로 보았고, 하늘임금(인드라, 帝釋天)과도 싸우는 나쁜
신으로 여겼다. 우리가 흔히 싸움으로 크게 혼란에 빠진 상태
를 아수라장이라고 하는데, 아수라장이란 아수라와 하늘임금
이 싸우는 곳을 뜻한다.

『불설아미따경』

임인년(고려 고종 29년, 1242)

고려국 대장도감은 칙령을 받들어 새겨 만듦(1236~51년까지 주
조).

佛說阿弥陁經

壬寅歲 高麗國 大藏都監 奉勅 雕造).

III. 아미따경 산스크리트
원문 · 한문 · 영문

III. 아미따경 산스크리트 원문 · 한문 · 영문

1. 아미따경 산스크리트 원문

सुखावतीव्यूहः

॥ नमःसर्वज्ञाय ॥

एवंमयाश्रुतम्।एकस्मिन्समयेभगवाञ्श्रावस्त्यांविहरतिस्मजेतवनेऽनाथपिण्डदस्यारामेमहताभिक्षुसंघेन सार्धमर्धत्रयोदशभिर्भिक्षुशतैरभिज्ञाताभिज्ञातैःस्थविरैर्महाश्रावकैःसर्वैरर्हद्भिः।तद्यथास्थविरेणचशारिपुत्रेणचम हामौद्गल्यायनेनचमहाकाश्यपेनचमहाकप्फिणेनचमहाकात्यायनेनचमहाकौष्ठिलेनचरेवतेनचचूडपन्थकेनचनन्द नचानन्देनचराहुलेनचगवांपतिनाचभरद्वाजेनचकालोदयिनाचवक्कुलेनचानिरुद्धेनच।एतैश्चान्यैश्चसंबहुलैर्महाश् रावकैः।संबहुलैश्चबोधिसत्त्वैर्महासत्त्वैः।तद्यथामञ्जुश्रिया च कुमारभूतेनाजितेनचबोधिसत्त्वेनगन्धहस्तिनाचबो धिसत्त्वेननित्योद्युक्तेनचबोधिसत्त्वेनानिक्षिप्तधुरेणचबोधिसत्त्वेन।एतैश्चान्यैश्चसंबहुलैर्बोधिसत्त्वैर्महासत्त्वैः। शक्रेणचदेवानामिन्द्रेणब्रह्मणाचसहांपतिना।एतैश्चान्यैश्चसंबहुलैर्देवपुत्रनयुतशतसहस्रैः॥१॥

तत्रखलुभगवानायुष्मन्तंशारिपुत्रमामन्त्रयतिस्म।अस्तिशारिपुत्रपश्चिमेदिग्भागइतोबुद्धक्षेत्रात्कोटिशतसह स्रंबुद्धक्षेत्राणामतिक्रम्यसुखावतीनामलोकधातुः।तत्रामितायुर्नामतथागतोऽर्हन्सम्यक्संबुद्धएतर्हितिष्ठतिध्रि यतेयापयतिधर्मंचदेशयति।तत्किंमन्यसेशारिपुत्रकेनकारणेनसालोकधातुःसुखावतीत्युच्यते।तस्यांखलुपुनः शारिपुत्रसुखावत्यांलोकधातौनास्तिसत्त्वानांकायदुःखंनचित्तदुःखमप्रमाणान्येवसुखकारणानि।तेनकारणेनसा लोकधातुःसुखावतीत्युच्यते॥२॥

पुनरपरंशारिपुत्रसुखावतीलोकधातुःसप्तभिर्वेदिकाभिःसप्तभिस्तालपङ्क्तिभिःकङ्कणीजालैश्चसमलंकृता समन्ततोऽनुपरिक्षिप्ताचित्रादर्शनीयाचतुर्णांरत्नानाम्।एवंरूपैःशारिपुत्रबुद्धक्षेत्रगुणव्यूहैःसमलंकृतंतद्बुद्धक्षेत्र म्॥३॥

पुनरपरंशारिपुत्रसुखावत्यांलोकधातौसप्तरत्नमय्यःपुष्करिण्यः।तद्यथासुवर्णस्यरूप्यस्यवैडूर्यस्यस्फटिक स्यलोहितमुक्तस्याश्मगर्भस्यमुसारगल्वस्यसप्तमस्यरत्नस्य।अष्टाङ्गोपेतवारिपरिपूर्णाःसमतीर्थिकाःकाकपे याःसुवर्णवालुकासंस्तृताः।तासुचपुष्करिणीषुसमन्ताच्चतुर्दिशंचत्वारिसोपानानिचित्राणिदर्शनीयानिचतुर्णांरत् नानाम्।तद्यथासुवर्णस्यरूप्यस्यवैडूर्यस्यस्फटिकस्य।तासांचपुष्करिणीनांसमन्ताद्रत्नवृक्षाजाताश्चित्रादर्शनी याःसप्तानांरत्नानाम्।तद्यथासुवर्णस्यरूप्यस्यवैडूर्यस्यस्फटिकस्यलोहितमुक्तस्याश्मगर्भस्यमुसारगल्वस्य सप्तमस्यरत्नस्य।तासुचपुष्करिणीषुसन्तिपद्मानिजातानिनीलानिनीलवर्णानिनीलनिर्भासानिनीलनिदर्शनानि। पीतानिपीतवर्णानिपीतनिर्भासानिपीतनिदर्शनानि।लोहितानिलोहितवर्णानिलोहितनिर्भासानिलोहितनिदर्शनानि

।अवदातान्यवदातवर्णान्यवदातनिर्भासान्यवदातनिदर्शनानि।चित्राणिचित्रवर्णानिचित्रनिर्भासानिचित्रनिदर्शना निशकटचक्रप्रमाणपरिणाहानि।एवंरूपैःशारिपुत्रबुद्धक्षेत्रगुणव्यूहैःसमलंकृतंतद्बुद्धक्षेत्रम्॥४॥

पुनरपरंशारिपुत्रतत्रबुद्धक्षेत्रेनित्यप्रवादितानिदिव्यानितूर्याणिसुवर्णवर्णाचमहापृथिवीरमणीया।तत्रचबुद्धक् षेत्रेत्रिःकृत्वोरात्रौत्रिःकृत्वोदिवसस्यपुष्पवर्षंप्रवर्षतिदिव्यानामांदारवपुष्पाणाम्।तत्रयेसत्त्वाउपपन्नास्तएकेनपु रोभक्तेनकोटिशतसहस्रंबुद्धानांवन्दन्त्यन्यांल्लोकधातून्गत्वा।एकैकंचतथागतंकोटिशतसहस्राभिःपुष्पवृष्टिभिर भ्यवकीर्यपुनरपितामेवलोकधातुमागच्छन्तिदिवाविहाराय।एवंरूपैःशारिपुत्रबुद्धक्षेत्रगुणव्यूहैःसमलंकृतंतद्बुद्ध क्षेत्रम्॥५॥

पुनरपरंशारिपुत्रतत्रबुद्धक्षेत्रेसन्तिहंसाःक्रौञ्चामयूराश्च।तेत्रिःकृत्वोरात्रौत्रिःकृत्वोदिवसस्यसंनिपत्यसंगीतिं कुर्वन्तिस्मस्वकस्वकानिरुतानिप्रव्याहरन्ति।तेषांप्रव्याहरतामिन्द्रियबलबोध्यङ्गशब्दोनिश्चरति।तत्रतेषां मनुष्याणांतंशब्दंश्रुत्वाबुद्धमनसिकारउत्पद्यतेधर्ममनसिकारउत्पद्यतेसंघमनसिकारउत्पद्यते।तत्किंमन्यसेशारि पुत्रतिर्यग्योनिगतास्तेसत्त्वाः।नपुनरेवंद्रष्टव्यम्।तत्कस्माद्धेतोः।नामापिशारिपुत्रतत्रबुद्धक्षेत्रेनिरयाणांनास्तिति र्यग्योनीनांयमलोकस्यनास्ति।तेपुनःपक्षिसंघास्तेनामितायुषातथागतेननिर्मिताधर्मशब्दंनिश्चारयन्ति।एवंरूपैः शारिपुत्रबुद्धक्षेत्रगुणव्यूहैःसमलंकृतंतद्बुद्धक्षेत्रम्॥६॥

पुनरपरंशारिपुत्रतत्रबुद्धक्षेत्रेतासांचतालपङ्कीनांतेषांचकङ्कणीजालानांवातेरितानांवल्गुर्मनोज्ञःशब्दोनिश्च रति।तद्यथापिनामशारिपुत्रकोटिशतसहस्राङ्गिकस्यदिव्यस्यतूर्यस्याचार्यैःसंप्रवादितस्यवल्गुर्मनोज्ञःशब्दोनिश् चरति।एवमेवशारिपुत्रतासांचतालपङ्कीनांतेषांचकङ्कणीजालानांवातेरितानांवल्गुर्मनोज्ञःशब्दोनिश्चरति। तत्रतेषांमनुष्याणांतंशब्दंश्रुत्वाबुद्धानुस्मृतिःकायेसंतिष्ठतिधर्मानुस्मृतिःकायेसंतिष्ठतिसंघानुस्मृतिःकायेसंतिष्ठ ति।एवंरूपैःशारिपुत्रबुद्धक्षेत्रगुणव्यूहैःसमलंकृतंतद्बुद्धक्षेत्रम्॥७॥

तत्किंमन्यसेशारिपुत्रकेनकारणेनसतथागतोऽमितायुर्नामोच्यते।तस्यखलुपुनःशारिपुत्रतथागतस्यतेषांचम नुष्याणामपरिमितमायुःप्रमाणम्।तेनकारणेनसतथागतोऽमितायुर्नामोच्यते।तस्यचशारिपुत्रतथागतस्यदशक ल्पाअनुत्तरांसम्यक्संबोधिमभिसंबुद्धस्य॥८॥

तत्किंमन्यसेशारिपुत्रकेनकारणेनसतथागतोऽमिताभोनामोच्यते।तस्यखलुपुनःशारिपुत्रतथागतस्याभाप्रति हतासर्वबुद्धक्षेत्रेषु।तेनकारणेनसतथागतोऽमिताभोनामोच्यते।तस्यचशारिपुत्रतथागतस्याप्रमेयःश्रावकसंघो येषांनसुकरंप्रमाणमाख्यातुंशुद्धानामर्हताम्।एवंरूपैःशारिपुत्रबुद्धक्षेत्रगुणव्यूहैःसमलंकृतंतद्बुद्धक्षेत्रम्॥९॥

पुनरपरंशारिपुत्रयेअमितायुषस्तथागतस्यबुद्धक्षेत्रेसत्त्वाउपपन्नाःशुद्धाबोधिसत्त्वाअविनिवर्तनीयाएकजातिप् रतिबद्धास्तेषांशारिपुत्रबोधिसत्त्वानांनसुकरंप्रमाणमाख्यातुमन्यत्राप्रमेयासंख्येयाइतिसंख्यांगच्छन्ति।तत्रख

लुपुनःशारिपुत्रबुद्धक्षेत्रेसत्चैःप्रणिधानंकर्तव्यम्।तत्कस्माद्धेतोः।यत्रहिनामतथारूपैःसत्पुरुषैःसहसमवधानंभ
वति।नावरमात्रकेणशारिपुत्रकुशलमूलेनामितायुषस्तथागतस्यबुद्धक्षेत्रेसत्चाउपपद्यन्ते।यःकश्चिच्छारिपुत्रकु
लपुत्रोवाकुलदुहितावातस्यभगवतोऽमितायुषस्तथागतस्यनामधेयंश्रोष्यतिश्रुत्वाचमनसिकरिष्यति।एकरात्
रंवाद्विरात्रंवात्रिरात्रंवाचतूरात्रंवापञ्चरात्रंवाषड्रात्रंवासप्तरात्रंवाविक्षिप्तचित्तोमनसिकरिष्यति।यदासकुलपुत्रोवा
कुलदुहितावाकालंकरिष्यतितस्यकालंकुर्वतःसोऽमितायुस्तथागतःश्रावकसंघपरिवृतोबोधिसत्त्वगणपुरस्कृतः
पुरतःस्थास्यति।सोऽविपर्यस्तचित्तःकालंकरिष्यतिच।सकालंकृत्वातस्यैवामितायुषस्तथागतस्यबुद्धक्षेत्रेसु
खावत्यांलोकधातावुपपत्स्यते।तस्मात्तर्हिशारिपुत्रदमर्थवशंसंपश्यमानएवंवदामि।सत्कृत्यकुलपुत्रेणवाकुलदु
हितावातत्रबुद्धक्षेत्रेचित्तप्रणिधानंकर्तव्यम्॥१०॥

तद्यथापिनामशारिपुत्राहमेतहितांपरिकीर्तयामि।एवमेवशारिपुत्रपूर्वस्यांदिश्यक्षोभ्योनामतथगतोमेरुध्वजो
नामतथागतोमहामेरुर्नामतथागतोमेरुप्रभासोनामतथागतोमञ्जुध्वजोनामतथगतएवंप्रमुखाःशारिपुत्रपूर्वस्यां
दिशिगङ्गानदीवालुकोपमाबुद्धाभगवन्तःस्वकस्वकानिबुद्धक्षेत्राणिजिह्विन्द्रियेणसंच्छादयित्वानिर्वेठनंकुर्वन्
ति।पत्तीययथयूयमिदमचिन्त्यगुणपरिकीर्तनंसर्वबुद्धपरिग्रहंनामधर्मपर्यायम्॥११॥

एवंदक्षिणस्यांदिशिचन्द्रसूर्यप्रदीपोनामतथागतोयशःप्रभोनामतथागतोमहाविंस्कन्धोनामतथागतोमेरुप्रदी
पोनामतथागतोऽनन्तवीर्योनामतथागतएवंप्रमुखाःशारिपुत्रदक्षिणस्यांदिशिगङ्गानदीवालुकोपमाबुद्धाभगवन्
तःस्वकस्वकानिबुद्धक्षेत्राणिजिह्विन्द्रियेणसंच्छादयित्वानिर्वेठनंकुर्वन्ति।पत्तीययथयूयमिदमचिन्त्यगुणपरिकीर्
तनंसर्वबुद्धपरिग्रहंनामधर्मपर्यायम्॥१२॥

एवंपश्चिमायांदिश्यमितायुर्नामतथागतोऽमितस्कन्धोनामतथागतोऽमितध्वजोनामतथगतोमहाप्रभोनोमतथ
गतोमहारत्नकेतुर्नामतथागतःशुद्धरश्मिप्रभोनामतथागतएवंप्रमुखाःशारिपुत्रपश्चिमायांदिशिगङ्गानदीवालुकोप
माबुद्धाभगवन्तःस्वकस्वकानिबुद्धक्षेत्राणिजिह्विन्द्रियेणसंच्छादयित्वानिर्वेठनंकुर्वन्ति।पत्तीययथयूयमिदमचिन्त्
यगुणपरिकीर्तनंसर्वबुद्धपरिग्रहंनामधर्मपर्यायम्॥१३॥

एवमुत्तरायांदिशिमहाविंस्कन्धोनामतथागतोवैश्वानरनिर्घोषोनामतथागतोदुन्दुभिस्वरनिर्घोषोनामतथागतोदुष्
प्रधर्षोनामतथागतआदित्यसंभवोनामतथागतोजालिनीप्रभोनामतथागतःप्रभाकरोनामतथागतएवंप्रमुखाःशा
रिपुत्रोत्तरायांदिशिगङ्गानदीवालुकोपमाबुद्धाभगवन्तःस्वकस्वकानिबुद्धक्षेत्राणिजिह्विन्द्रियेणसंच्छादयित्वानि
र्वेठनंकुर्वन्ति।पत्तीययथयूयमिदमचिन्त्यगुणपरिकीर्तनंसर्वबुद्धपरिग्रहंनामधर्मपर्यायम्॥१४॥

एवमधस्तायांदिशिसिंहोनामतथागतोयशोनामतथागतोयशःप्रभासोनामतथागतोधर्मोनामतथागतोधर्मधरो
नामतथागतोधर्मध्वजोनामतथागतएवंप्रमुखाःशारिपुत्राधस्तायांदिशिगङ्गानदीवालुकोपमाबुद्धाभगवन्तःस्व

कस्वकानिबुद्धक्षेत्राणिजिह्वेन्द्रियेणसंच्छादयित्वानिर्वेठनंकुर्वन्ति।पत्तीयथयूयमिदमचिन्त्यगुणपरिकीर्तनंसर्ववबुद्धपरिग्रहंनामधर्मपर्यायम्॥१५॥

एवमुपरिष्ठायांदिशिब्रह्मघोषोनामतथागतोनक्षत्रराजोनामतथागतइन्द्रकेतुध्वजराजोनामतथागतोगन्धोत्तमोनामतथागतोगन्धप्रभासोनामतथागतोमहार्चिस्कन्धोनामतथागतोरत्नकुसुमसंपुष्पितगात्रोनामतथागतःसालेन्द्रराजोनामतथागतोरत्नोत्पलश्रीर्नामतथागतःसर्वार्थदर्शोनामतथागतःसुमेरुकल्पोनामतथागतएवंप्रमुखाःशारिपुत्रोपरिष्ठायांदिशिगङ्गानदीवालुकोपमाबुद्धाभगवन्तःस्वकस्वकानिबुद्धक्षेत्राणिजिह्वेन्द्रियेणसंच्छादयित्वानिर्वेठनंकुर्वन्ति।पत्तीयथयूयमिदमचिन्त्यगुणपरिकीर्तनंसर्वबुद्धपरिग्रहंनामधर्मपर्यायम्॥१६॥

तत्किंमन्यसेशारिपुत्रकेनकारणेनायंधर्मपर्यायःसर्वबुद्धपरिग्रहोनामोच्यतेयेकेचिच्छारिपुत्रकुलपुत्रावाकुलदुहितरोवास्यधर्मपर्यायस्यनामधेयंश्रोष्यन्तितेषांचबुद्धानांभगवतांनामधेयंधारयिष्यन्तिसर्वेतेबुद्धपरिगृहीताभविष्यन्त्यविनिवर्तनीयाश्चभविष्यन्त्यनुत्तरायांसम्यक्संबोधौ।तस्मात्तर्हिशारिपुत्रश्रद्धाध्वंपत्तीयथावकल्पयथममचैतेषांचबुद्धानांभगवताम्।येकेचिच्छारिपुत्रकुलपुत्रावाकुलदुहितरोवातस्यभगवतोऽमितायुषस्तथागतस्यबुद्धक्षेत्रेचित्तप्रणिधानंकरिष्यन्तिकृतवन्तोवाकुर्वन्तिवासर्वेतेऽविनिवर्तनीयाभविष्यन्त्यनुत्तरायांसम्यक्संबोधौतत्रचबुद्धक्षेत्रउपपत्स्यन्त्युपपन्नावोपपद्यन्तिवा।तस्मात्तर्हिशारिपुत्रश्रद्धैःकुलपुत्रैःकुलदुहितृभिश्चतत्रबुद्धक्षेत्रेचित्तप्रणिधिरूत्पादयितव्य।॥१७॥

तद्यथापिनामशारिपुत्राहमेतर्हितेषांबुद्धानांभगवतामेवमचिन्त्यगुणान्परिकीर्तयामि।एवमेवशारिपुत्रममापितेबुद्धाभगवन्तएवमचिन्त्यगुणान्परिकीर्तयन्ति।सुदुष्करंभगवताशाक्यमुनिनाशाक्याधिराजेनकृतम्।सहायांलोकधातावनुत्तरांसम्यक्संबोधिमभिसंबुध्यसर्वलोकविप्रत्ययनीयोधर्मोदेशितः।कल्पकषायेसत्त्वकषायेदृष्टिकषायआयुष्कषायेक्लेशकषाये॥१८॥

तन्ममापिशारिपुत्रपरमदुष्करंयन्मयासहायांलोकधातावनुत्तरांसम्यक्संबोधिमभिसंबुध्यसर्वलोकविप्रत्ययनीयोधर्मोदेशितः।सत्त्वकषायेदृष्टिकषायेक्लेशकषायआयुष्कषायेकल्पकषाये॥१९॥

इदमवोचद्भगवान्।आत्तमनाआयुष्माञ्शारिपुत्रस्तेचभिक्षवस्तेचबोधिसत्त्वाःसदेवमानुषासुरगन्धर्वश्चलोकोभगवतोभाषितमभ्यनन्दन्॥२०॥

॥सुखावतीव्यूहोनाममहायानसूत्रम्॥

2. 佛說阿弥陁經 한문 원문(고리대장경)

　이 번역본의 원문은 1242년, 고리 고종 29년, 고리국 대장도 감에서 칙령을 받아 새겨 만든 고리대장경高麗大藏經을 바탕으로 하였다. 일제 강점기 이후 한국에서 번역된 대부분의 아미따경은 대정신수대장경大正新脩大藏經을 바탕으로 하였다. 대정신수대장경大正新脩大藏經은 일본에서 1924년부터 1934년까지 10년간 한국 해인사 고리대장경을 바탕으로 일본에 있는 송나라, 원나라, 명나라 때의 경전과 보급본(流布本)을 모두 대조하여 주를 단 것이다. 그러나 주를 단 것은 각 본 사이에 있는 차이를 밝히는 것에 주안점을 둔 것이지 고리대장경에 있는 것은 틀리고 대정신수대장경에 있는 것이 옳다는 것은 아니다.

　이번 번역본은 고리대장경 원판 판본과 대정신수대장경을 하나하나 대조하여 뜻이 어긋남이 없거나 같은 글자인데 속자나 약자를 쓴 것은 모두 고리대장경을 따른다. 나름대로 옮기는 데 기준을 삼기 위해서다. 원래 번역한 원고에는 원문에서 이처럼 대조한 내용을 하나하나 모두 주를 달았으나 여기서는 주는 생략하였다. 고리대장경에서는 뜻밖에 약자를 많이 사용하거나 다른 판본과 약간의 차이를 보이고 있지만, 원뜻에 전혀 다른 바 없이 거의 완벽한 내용을 새겼다는 것을 알 수 있었다.

　고리대장경 원문에는 띄어쓰기, 쉼표, 마침표가 없으나 바른 소리로 옮기면서 덧붙인 것이다.

佛說阿彌陀經

姚秦 龜茲三藏 鳩摩羅什 譯

如是我聞.

一時 佛 在舍衛國祇樹給孤獨園, 與大比丘僧 千二百五十人 俱, 皆是大阿羅漢 衆所知識. 長老舍利弗 摩訶目乾連 摩訶迦葉 摩訶迦栴延 摩訶拘絺羅 離婆多 周梨槃陀迦難陀 阿難陀 羅睺羅 憍梵波提 賓頭盧頗羅墮 迦留陀夷 摩訶劫賓那 薄俱羅 阿㝹樓馱 如是等 諸大弟子, 幷諸菩薩摩訶薩 文殊師利法王子 阿逸多菩薩 乾陀訶提菩薩 常精進菩薩 與如是等 諸大菩薩 及釋提桓因等 無量諸天大衆 俱.

介時 佛告長老舍利弗, 從是西方 過十萬億佛土 有世界名曰極樂 其土有佛 号阿彌陀 今現在說法. 舍利弗 彼土何故 名爲極樂, 其國衆生 無有衆苦 但受諸樂 故名極樂.
又舍利弗 極樂國土 七重欄楯 七重羅網 七重行樹 皆是四寶 周匝圍繞 是故 彼國 名爲極樂.
又舍利弗 極樂國土 有七寶池 八功德水 充滿其中 池底純以金沙 布地. 四邊階道 金・銀・琉璃・頗梨合成. 上有

樓閣 亦以金・銀・琉璃・頗梨・車渠・赤珠・馬瑙 而嚴
飾之. 池中蓮花 大如車輪 靑色靑光 黃色黃光 赤色赤光
白色白光 微妙香潔.

舍利弗, 極樂國土 成就如是 功德莊嚴.

又舍利弗 彼佛國土 常作天樂 黃金爲地. 晝夜六時 天雨
曼陀羅華, 其國衆生 常以淸旦 各以衣裓 盛衆妙華 供養他
方 十萬億佛 卽以食時 還到本國 飯食經行.

舍利弗, 極樂國土 成就如是 功德莊嚴.

復次 舍利弗, 彼國常有 種種奇妙 雜色之鳥, 白鵠・孔
雀・鸚鵡・舍利・迦陵頻伽・共命之鳥, 是諸衆鳥 晝夜
六時 出和雅音, 其音演暢 五根・五力・七菩提分・八聖
道分 如是等法. 其土衆生 聞是音已 皆悉念佛・念法・念
僧.

舍利弗, 汝勿謂 此鳥實是 罪報所生, 所以者何 彼佛國土
無三惡趣.

舍利弗, 其佛國土 尙無三惡道之名 何況有實, 是諸衆鳥
皆是阿弥陀佛 欲令法音宣流 變化所作.

舍利弗, 彼佛國土 微風吹動 諸寶行樹 及寶羅網 出微妙
音 譬如百千種樂 同時俱作. 聞是音者 皆自然 生念佛・念

法・念僧之心.

　舍利弗, 其佛國土 成就如是 功德莊嚴.

　舍利弗, 於汝意云何, 彼佛 何故 号阿弥陁.

　舍利弗, 彼佛 光明無量 照十方國 無所障碍, 是故 号爲
阿弥陁.

　又 舍利弗, 彼佛壽命 及其人民 無量無邊 阿僧祇劫, 故
名阿弥陁.

　舍利弗, 阿弥陁佛 成佛已來 於今十劫.

　又 舍利弗, 彼佛有 無量無邊 聲聞弟子 皆阿羅漢 非是
算數之所能知. 諸菩薩 亦復如是.

　舍利弗, 彼佛國土 成就如是 功德莊嚴.

　又 舍利弗, 極樂國土 衆生生者 皆是阿鞞跋致, 其中 多
有一生補處. 其數甚多 非是算數 所能知之, 但可以無量無
邊 阿僧祇劫 說.

　舍利弗, 衆生聞者 應當發願 願生彼國. 所以者何 得與如
是 諸上善人 俱會一處.

　舍利弗, 不可以少善根福德因緣 得生彼國.

　舍利弗, 若有善男子善女人 聞說阿弥陁佛, 執持名号 若

一日 若二日 若三日 若四日 若五日 若六日 若七日 一心
不亂, 其人 臨命終時 阿弥陁佛 與諸聖衆 現在其前, 是人
終時 心不顛倒 卽得往生 阿弥陁佛 極樂國土.

舍利弗, 我見是利 故說此言, 若有衆生 聞是說者 應當發
願 生彼國土.

舍利弗, 如我今者 讚歎阿弥陁佛 不可思議 功德, 東方亦
有 阿閦鞞佛 須弥相佛 大須弥佛 須弥光佛 妙音佛 如是等
恒河沙數 諸佛 各於其國 出廣長舌相 遍覆三千大千世界
說誠實言 汝等衆生 當信是 稱讚不可思議功德 一切諸佛
所護念經.

舍利弗, 南方世界 有日月燈佛 名聞光佛 大焰肩佛 須弥
燈佛 无量精進佛 如是等 恒河沙數 諸佛 各於其國 出廣長
舌相 遍覆三千大千世界 說誠實言 汝等衆生 當信是 稱讚
不可思議功德 一切諸佛 所護念經.

舍利弗, 西方世界 有無量壽佛 无量相佛 無量幢佛 大光
佛 大明佛 寶相佛 淨光佛 如是等 恒河沙數 諸佛 各於其
國 出廣長舌相 遍覆三千大千世界 說誠實言 汝等衆生 當
信是 稱讚不可思議功德 一切諸佛 所護念經.

舍利弗, 北方世界 有焰肩佛 㝡勝音佛 難沮佛 日生佛
網明佛 如是等 恒河沙數 諸佛 各於其國 出廣長舌相 遍覆

三千大千世界 說誠實言 汝等衆生 當信是 稱讚不可思議
功德 一切諸佛 所護念經.

舍利弗, 下方世界 有師子佛 名聞佛 名光佛 達摩佛 法
幢佛 持法佛 如是等 恒河沙數 諸佛 各於其國 出廣長舌相
遍覆三千大千世界 說誠實言 汝等衆生 當信是 稱讚不可
思議功德 一切諸佛 所護念經.

舍利弗, 上方世界 有梵音佛 宿王佛 香上佛 香光佛 大
焰肩佛 雜色寶華嚴身佛 娑羅樹王佛 寶華德佛 見一切義
佛 如須弥山佛 如是等 恒河沙數 諸佛 各於其國 出廣長舌
相 遍覆三千大千世界 說誠實言 汝等衆生 當信是 稱讚不
可思議功德 一切諸佛 所護念經.

舍利弗, 於汝意云何, 何故名爲 一切諸佛所護念經.

舍利弗, 若有善男子善女人 聞是經受持者 及聞諸佛名
者 是諸善男子善女人 皆爲一切諸佛共所護念 皆得不退
轉於阿耨多羅三藐三菩提.

是故 舍利弗, 汝等 皆當信受我語 及諸佛所說.

舍利弗, 若有人 已發願 今發願 當發願 欲生阿弥陁佛國
者, 是諸人等 皆得不退轉於阿耨多羅三藐三菩提, 於彼國
土 若已生 若今生 若當生.

是故 舍利弗, 諸善男子善女人 若有信者 應當發願 生彼國

土.

舍利弗 如我今者 稱讚諸佛不可思議功德 彼諸佛等 亦稱說我不可思議功德, 而作是言 釋迦牟尼佛 能爲甚難希有之事 能於娑婆國土 五濁惡世 劫濁·見濁·煩惱濁·衆生濁·命濁中 得阿耨多羅三藐三菩提 爲諸衆生 說是一切世間 難信之法.

舍利弗 當知 我於五濁惡世 行此難事 得阿耨多羅三藐三菩提, 爲一切世間 說此難信之法 是爲甚難.

佛說此經已 舍利弗 及諸比丘 一切世間 天人阿修羅等 聞佛所說 歡喜信受 作禮而去.

佛說阿弥陁經

壬寅歲 高麗國 大藏都監 奉勅 雕造

3. 아미따경 영문

The Smaller Sukhāvativyūha

Translated into English by Buddhist Text Translation Society

Verse for Opening a Sutra
The unsurpassed, profound, and wonderful Dharma,
Is difficult to encounter in hundreds of millions of eons,
I now see and hear it, receive and uphold it,
And I vow to fathom the Tathagata's true meaning.

Thus I have heard. At one time the Buddha dwelt at Shravasti, in the Jeta Grove, in the Garden of the Benefactor of Orphans and the Solitary, together with a gathering of great Bhikshus, twelve hundred fifty in all, all great Arhats whom the assembly knew and recognized: elders Shariputra, Mahamaudgalyayana, Mahakashyapa, Mahakatyayana, Mahakaushthila, Revata, Shuddhipanthaka, Nanda, Ananda, Rahula, Gavampati, Pindola Bharadvaja, Kalodayin, Mahakapphina, Vakkula, Aniruddha, and others such as these, all great disciples; together with all the Bodhisattvas, Mahasattvas: Dharma Prince Manjushri, Ajita Bodhisattva, Gandhahastin Bodhisattva, Nityodyukta Bodhisattva, and others such as these, all great Bodhisattvas, and together with Shakra, chief among gods, and the numberless great multitudes from all the heavens.

At that time the Buddha told the Elder Shariputra, "Passing from here through hundreds of thousands of millions of Buddhalands to the West, there is a world called Ultimate Bliss. In this land a Buddha called Amitabha right now teaches the Dharma.

"Shariputra, for what reason is this land called Ultimate Bliss?

"All living beings of this country endure none of the sufferings, but enjoy every bliss. Therefore it is called 'Ultimate Bliss.'

"Moreover, Shariputra, this Land of Ultimate Bliss is everywhere surrounded by seven tiers of railings, seven layers of netting, and seven rows of trees, all formed from the four treasures and for this reason named 'Ultimate Bliss.'

"Moreover, Shariputra, this Land of Ultimate Bliss has pools of the seven jewels, filled with the waters of eight meritorious virtues. The bottom of each pool is pure, spread over with golden sand. On the four sides are stairs of gold, silver, lapis lazuli, and crystal; above are raised pavilions adorned with gold, silver, lapis lazuli, crystal, mother-of-pearl, red pearls, and carnelian.

"In the pools are lotuses as large as carriage wheels, green colored of green light, yellow colored of yellow light, red colored of red light, white colored of white light, subtly, wonderfully, fragrant and pure.

"Shariputra, the realization of the Land of Ultimate Bliss is thus meritoriously adorned.

"Moreover, Shariputra, in that Buddhaland there is always heavenly music and the ground is yellow gold. In the six periods of the day and night a heavenly rain of mandarava flowers falls, and throughout the clear morning, each living being of this land, with sacks full of the myriads of wonderful flowers, makes offerings to the hundreds of thousands of millions of Buddhas of the other directions. At mealtime they return to their own country, and having eaten, they stroll around.

"Shariputra, the realization of the Land of Ultimate Bliss is thus meritoriously adorned.

"Moreover Shariputra, in this country there are always rare and wonderful vari-colored birds: white cranes, peacocks, parrots, and egrets, kalavinkas, and two-headed birds. In the six periods of the day and night the flocks of birds sing forth harmonious and elegant sounds; their clear and joyful sounds proclaim the five roots, the five powers, the seven bodhi shares, the eight sagely way shares, and dharmas such as these. When living beings of this land hear these sounds, they are altogether mindful of the Buddha, mindful of the Dharma, and mindful of the Sangha.

"Shariputra, do not say that these birds are born as retribution for their karmic offences. For what reason? In this Buddhaland there are no three evil ways of rebirth. Shariputra, in this Buddhaland not even the names of the three evil ways exist, how much the less their actuality! Desiring that the Dharma-sound be widely proclaimed, Amitabha Buddha by transformation made this multitude of birds.

"Shariputra, in that Buddhaland when the soft wind blows, the rows of jewelled trees and jewelled nets give forth subtle and wonderful sounds, like one hundred thousand kinds of music played at the same time. All those who hear these sounds naturally bring forth in their hearts mindfulness of the Buddha, mindfulness of the Dharma, and mindfulness of the Sangha.

"Shariputra, the realization of the Land of Ultimate Bliss is thus meritoriously adorned.

"Shariputra, what do you think? Why is this Buddha called Amitabha? Shariputra, the brilliance of that Buddha's light is measureless, illumining the lands of the ten directions everywhere without obstruction, for this reason he is called Amitabha.

"Moreover, Shariputra, the life of that Buddha and that of his people extends for measureless, limitless asamkhyeya kalpas; for this reason he is called Amitayus. And Shariputra, since Amitabha realized Buddhahood ten kalpas have passed.

"Moreover, Shariputra, that Buddha has measureless, limitless sound-hearer disciples, all Arhats, their number incalculable; thus also is the assembly of Bodhisattvas.

"Shariputra, the realization of the Land of Ultimate Bliss is thus meritoriously adorned.

"Moreover, Shariputra, those living beings born in the Land of the Ultimate Bliss are all avaivartika. Among them are many who in this very life will dwell in Buddhahood.

Their number is extremely many; it is incalculable and only in measureless, limitless asamkhyeya kalpas could it be spoken.

"Shariputra, those living beings who hear should vow, 'I wish to be born in that country.' And why? Those who thus attain are all superior and good people, all coming together in one place. Shariputra, one cannot have few good roots, blessings, virtues, and causal connections to attain birth in that land.

"Shariputra, if there is a good man or a good woman who hears spoken 'Amitabha' and holds the name, whether for one day, two days, three, four, five days, six days, as long as seven days, with one heart unconfused, when this person approaches the end of life, before him will appear Amitabha and all the assembly of holy ones. When the end comes, his heart is without inversion; in Amitabha's Land of Ultimate Bliss he will attain rebirth. Shariputra, because I see this benefit, I speak these words: If living beings hear this spoken they should make the vow, 'I wish to be born in that land.'

"Shariputra, as I now praise the inconceivable benefit from the merit and virtue of Amitabha, thus in the east are also Akshobhya Buddha, Sumeru Appearance Buddha, Great Sumeru Buddha, Sumeru Light Buddha, Wonderful Sound Buddha, all Buddhas such as these, numberless as Ganges sands. In his own country each brings forth the appearance of a vast and long tongue, everywhere covering the three thousand great thousand worlds, and speaks the sincere and actual words, 'All you living beings should believe, praise, and hold in reverence the inconceivable merit and virtue of this Sutra of the Mindful One of Whom all Buddhas are protective.'

"Shariputra, in the Southern world are Sun Moon Lamp Buddha, Well-known Light Buddha, Great Blazing Shoulders Buddha, Sumeru Lamp Buddha, Measureless Vigor Buddha, all Buddhas such as these, numberless as Ganges sands. In his own country each brings forth the appearance of a vast and long tongue, everywhere covering the three thousand great thousand worlds, and speaks the sincere and actual words, 'All you living beings should believe, praise, and hold in reverence the inconceivable merit and virtue of this Sutra of the Mindful One of Whom all Buddhas are Protective.'

"Shariputra, in the Western world are Measureless Life Buddha, Measureless Appearance Buddha, Measureless Curtain Buddha, Great Light Buddha, Great Brightness Buddha, Jewelled Appearance Buddha, Pure Light Buddha, all Buddhas such as these, numberless as Ganges sands. In his own country each brings forth the appearance of a vast and long tongue, everywhere covering the three thousand great thousand worlds, and speaks the sincere and actual words, 'All you living beings should believe, praise, and hold in reverence the inconceivable merit and virtue of this Sutra of the Mindful One of Whom all Buddhas are Protective.'

"Shariputra, in the Northern world are Blazing Shoulders Buddha, Most Victorious Sound Buddha, Hard To Injure Buddha, Sun Birth Buddha, Net Brightness Buddha, all Buddhas such as these, numberless as Ganges sands. In his own country each brings forth the appearance of a vast and long tongue, everywhere covering the three thousand great thousand worlds, and speaks the sincere and actual words, 'All you living beings should believe, praise, and hold in reverence the inconceivable merit and virtue of this Sutra of the Mindful One of Whom all Buddhas are Protective.'

"Shariputra, in the world below are Lion Buddha, Well-known Buddha, Famous Light Buddha, Dharma Buddha, Dharma Curtain Buddha, Dharma Maintaining Buddha, all Buddhas such as these, numberless as Ganges sands. In his own country each brings forth the appearance of a vast and long tongue, everywhere covering the three thousand great thousand worlds, and speaks the sincere and actual words, 'All you living beings should believe, praise, and hold in reverence the inconceivable merit and virtue of this Sutra of the Mindful One of Whom all Buddhas are Protective.'

"Shariputra, in the world above are Pure Sound Buddha, King of Stars Buddha, Superior Fragrance Buddha, Fragrant Light Buddha, Great Blazing Shoulders Buddha, Vari-colored Jewels and Flower Adornment Body Buddha, Sala Tree King Buddha, Jewelled Flower Virtue Buddha, Vision of All Meaning Buddha, Such As Mount Sumeru Buddha, all Buddhas such as these, numberless as Ganges sands. In his own country each brings forth the appearance of a vast and long tongue, everywhere covering the three thousand great thousand worlds and speaks the sincere and actual words, 'All you living beings should believe, praise, and hold in reverence the inconceivable merit and virtue of this Sutra of the Mindful One of Whom all Buddhas are Protective.'

"Shariputra, what do you think? Why is it called 'Sutra of the Mindful One of Whom all Buddhas are Protective?' Shariputra, if a good man or good woman hears this sutra and holds to it, and hears the names of all these Buddhas, this good man or woman will be the mindful one of whom all Buddhas are protective, and will irreversibly attain anuttara-samyaksambodhi. Therefore, Shariputra, all of you should believe and accept my words and those which all Buddhas speak.

"Shariputra, if there are people who have already made the vow, who now make the vow, or who are about to make the vow, 'I desire to be born in Amitabha's Country,' these people, whether born in the past, now being born, or to be born in the future, all will irreversibly attain anuttarasamyak-sambodhi. Therefore, Shariputra, all good men and good women, if they are among those who have faith, should make the vow, 'I will be born in that country.'

"Shariputra, just as I now praise the inconceivable merit and virtue of all Buddhas, all those Buddhas equally praise my inconceivable merit and virtue saying these words, 'Sha-kyamuni Buddha can complete extremely rare and difficult deeds. In the Saha land, in the evil time of the five turbidities, in the midst of the kalpa turbidity, the view turbidity, the af-fliction turbidity, the living beings turbidity, and the life tur-bidity, he can attain anuttarasamyaksambodhi and for the sake of living beings, speak this Dharma which in the whole world is hard to believe.'

"Shariputra, you should know that I, in the evil time of the five turbidities, practice these difficult deeds, attain anuttara-samyaksambodhi, and for all the world speak this Dharma, difficult to believe, extremely difficult!"

After the Buddha spoke this sutra, Shariputra and all the bhikshus, all the gods, men, and asuras, and others from all the worlds, hearing what the Buddha had said, joyously welcomed, faithfully accepted, bowed and withdrew.

IV. 꼬리말

IV. 꼬리말

1. 아미따경과의 인연

2009년 8월 31일, 30년이 넘는 교직을 마무리하고 정년퇴직을 했다.

퇴직을 하자마자 바로 강원도 영월 해발 800m에 이르는 깊은 산사(만경사)에 들어가 3년 동안 산문을 벗어나지 않고 오로지 정토선淨土禪 수행에 전념하였다.

옮긴이는 1990년부터 '나를 놓치지 않고 보는 공부(體禪)'를 하면서 주로 반야경 계통의 경전을 공부하였다. 그러다가 입산하기 1년 반 전, 엄청나게 큰 삶의 충격을 받으면서 '시간이 없다' 라는 것을 깨닫고 정토와 선을 함께 닦는 정토선 수행으로 바꾸었다.

정토선이란 정토(염불)와 선을 함께 닦는 것으로, 첫 단계는 염불에 집중하는 것이다. 그래서 하루 9시간씩 염불수행을 하면서, 아울러 옛날 했던 '보는 공부'를 더해 '염불하는 나를 보는 염불수행'을 이어 갔다.

정토 수행자에게는 3가지 맑은나라(淨土)에 관한 경전이 있으니, 아미따경, 무량수경, 관무량수경이다. 입산하면서부터 이

3가지 경전을 모두 직접 우리말로 옮기겠다고 마음먹었고, 맨 먼저 아미따경을 옮기기 시작하였다. 매일 새벽 3시부터 1시간 염불하고 오전 염불이 시작되기 전까지 3~4시간은 아미따경을 옮기는 데 온 힘을 다 쏟았다.

"내가 새기는 아마따 붇다는 누구인가?"
"어떻게 해야 극락에 갈 수 있는가?"
"도대체 극락이란 어떤 곳인가?"
"극락 가는 것이 어떻게 생사 문제를 해결해 주는 것인가?

내가 하는 수행과 직접 이어져 있으므로 한 줄, 한 낱말, 한 글자도 그냥 지나칠 수가 없다. 애벌 번역을 마친 뒤 매일 새벽 하루도 빼지 않고 1년 반을 읽으면서 고치고 또 고쳤다. 한문으로 된 것으로 시작했지만 원본은 인도에서 건너온 산스크리트기 때문에 산스크리트를 모르면 한 발자국도 더 나아갈 수가 없었다. 그래서 사 온 산스크리트 입문서와 산스크리트-영어 사전으로 공부하여 용어 하나하나를 산스크리트 원문과 견주어보기 시작하였다. 그 결과 많은 부분을 새롭게 풀이할 수가 있었고, 본디 뜻을 알게 되니 재미있고, 경전 속으로 더 깊이 들어갈 수 있었다.

1) '아미타'가 '아미따'라는 것을 알게 되었다.
2) '아미따'는 빛(ābha)과 목숨(āyus)이 생략되었다는 것도 처음 알았다.
3) '미타정사', '미타사', '미타법문' 처럼 '미타(mita, 彌陀)'를 쓰면 안 된다는 것을 알았다.
4) 승(saṃgha, 僧)은 스님이 아니라 모임 · 동아리를 이야기하는 '쌍가'라는 것도 알았다.

한국에서 이미 번역된 아미따경을 모두 대조해 보면서 다시 한번 검토하였다. 그 가운데 조선시대 세조 10년(1464) 간경도감에서 발행한 『불설아미타경』(『세조언해본』이라 한다)을 보고 깜짝 놀랐다. 세조가 직접 훈민정음으로 옮겼다는 아미따경에는 될 수 있으면 우리말로 옮기려는 마음이 또렷하게 배어 있었기 때문이다. 보기를 들면, 무량無量은 '그지없다'로, 상선인 上善人은 '어진 사람들'로, 정말 아름다우면서도 그 뜻에 딱 들어맞는 낱말을 골라 썼다. 여러 번역본과 견주어 보면서 550년 전 세조가 우리말로 옮기려고 노력한 것보다 더 새롭게 번역한 것이 없다는 것을 보고 더욱 놀랐다. 우리나라에서 가장 널리 읽히고 있는 정토삼부경부터 산스크리트와 티베트 번역본을 견주어 철저하게 옮겼다는 아미따경까지 모두 무량無量 상선인 上善人이라고 한자에 토만 달았지, 그 누구도 우리말로 옮기려고 노력하지 않았다.

그때까지는 그저 철저하게 옮겨 가며 그 속뜻을 보는 데 온 힘을 다했는데, 이때부터 될 수 있는 대로 진짜 우리말로 한번 옮겨보자는 생각이 들어 다시 작업을 시작하였다. 평소 원고 쓸 때도 그랬지만 산사에서 가장 많이 본 책은 경전이 아니라 바로 『우리말 큰사전』과 불교사전들이었다.

3년 뒤 산에서 내려와 공부하기 위해 썼던 노트 가운데 몇 가지를 나처럼 공부하려는 사람들에게 조금이라도 도움이 될 수 있도록 책으로 내보기로 하였다. 그 가운데 첫 작업이 이 아미따경이다. 이 아미따경에 나온 용어들은 내가 공부하기 위해 만든 노트였기 때문에 다른 번역본들과 많이 달라, 이미 나온 불교 용어들에 익숙한 분들께는 못마땅한 것이 많을 것이다. 그러나 앞으로 불경을 옮기는 데 하나의 문제 제기라고 생각하시고 메일 주소로 연락해 주시면 성실하게 논의하려고 하며, 가능하면 앞으로 학술적으로 논의할 기회를 만들려고도 생각하고 있다. 한가지 덧붙인다면 한문을 모르는 영어 세대에게는 이 번역이 오히려 크게 도움이 되리라고 본다.

2. 파키스탄 간다라의 아미따 붇다

이 책의 마지막 작업으로 꼬리말을 쓰고 있는 지금으로부터 한 달 전, 옮긴이는 대승불교가 처음 일어났다는 파키스탄 간다라에서 2주일 동안 불교 유적지를 답사하고 있었다. '세계 평화와 화합을 위한 이슬람과 불교의 역할'이라는 학술회의에서 주제발표도 하고, 라호르, 탁실라, 이슬라마바드, 훈드, 페샤와르, 카라치 같은 박물관에서 간직한 불교 유물을 하나하나 사진으로 기록하는 행운도 누렸다.

2014년 3월 6일 페샤와르 박물관에 갔을 때 가장 눈여겨본 것이 보살상들이다. 이 박물관에는 1969~70년에 박물관 양쪽에 두 개의 방을 더 늘리면서 동쪽에 '보살과 외국의 영향'이라는 방을 따로 마련했기 때문에 간다라 지역에서도 보살상이 가장 많이 전시된 곳이다. 이곳 보살상은 크게 ① 싯달다 태자 보살 ② 미륵보살 ③ 관세음보살로 나눌 수 있다. 보살상 가운데서도 특별히 관세음보살상을 찾아 열심히 머리에 쓴 관을 보며 아미따 붇다를 찾았다. 『관무량수경』에 보면 이런 구절이 나오기 때문이다.

(관세음보살) 머리 위에는 사끄라빌라그나 마니라는 기묘한 보석으로 된 하늘관(天冠)을 쓰고 있고, 그 하늘관

속에 한 분의 화신 붇다가 계시는데 키가 250요자나이다.
(頂上 毗楞伽摩尼寶 以爲天冠 其天冠中 有一立化佛 高二
十五由旬).

실제로 관세음보살의 특징 가운데 가장 큰 것은 바로 머리에
쓴 관에 아미따붇다를 모시고 다닌다는 것이다. 현지 설명서에
도 관세음보살의 특징을 '터번 앞에 불상이 있고, 손에 화관을
들고 있다(Avalokethishvara having the emblem of a Buddha
image on his turban's front and holding a wreath in his hand)' 라
고 했다.

하나라도 놓칠까 봐 차례차례 사진을 찍어 가는데, 어쩐 일인
지 대부분의 관세음보살상의 터번 앞 불상이 있는 곳이 깨져나
가 없었고, 불상이 오롯이 남은 것은 딱 하나뿐이었다. 비록 하
나지만 이것은 작은 발견이 아니었다. 정토 불교가 간다라에서
시작되었을 것이라는 많은 가설에도 불구하고 확실한 결론을
내리지 못한 것은 아미따 불상이 발견되지 않았기 때문이다. 그
런데 이렇게 아미따 붇다가 옮긴이를 기다리고 있었다.

아미따 붇다는 머리는 물론 온몸에서도 빛이 나는 '그지없는
빛(無量光)'을 나타내는 두 개의 원으로 뚜렷하게 새겨져 있는
것은 아미따바의 특징을 아주 잘 나타내는 것으로 다른 붇다 상
들과 쉽게 구별이 되었다. 결가부좌하고, '가르침을 말씀하실

때 짓는 손모양(說法印)'을 하였는데, 얼굴이 둥그런 것도 다른 붇다와는 크게 다른 모습이다. 얼굴 부분이 좀 상해 있어 구체적인 것은 자세하게 알 수 없지만, 전체 얼굴이 둥그런 것은 분명히 간다라의 다른 불상에 비해 크게 다른 점으로, 아미따 붇다의 특징이라 할 수 있다.

연지 대사(1532~1612)가 쓴『치문숭행록緇門崇行錄』에 보면 다음과 같은 글이 나온다.

당나라 혜일慧日(680~748) 스님이 배를 타고 바다를 건너 천축에 이르렀다.

선지식들을 찾아다니며 붇다 가르침의 고갱이가 무엇인지, 그 지름길이 무엇인지 물으니 천축 학자들이 모두 맑은나라(淨土)라고 하였다. 간다라 나라 동북쪽 큰 산에 관음상이 있어 이레 동안 머리를 조아리고 먹는 것을 끊고 목숨이 끝나는 날까지 일어나지 않기로 마음먹었다. 이레째 되는 날 밤 뜻하지 않는 사이에 갑자기 관세음보살이 자줏빛을 띤 금빛 몸으로 보석 연꽃자리에 앉아 손을 드리워 머리를 문지르며(摩頂) 말씀하셨다.

"네가 스스로를 이롭게 하고 남을 이롭게 하는(自利利他) 가르침을 전하고자 하면, 오로지 서녘 극락세계 아미따불을 새기도록(念) 하여라. 맑은나라(淨土, 極樂)라는 가르침의 문(法門)을 넘어서는 수행은 없다는 것을 알아야 한다."

이런 말씀을 마치고 홀연히 사라졌다. 장안으로 돌아온 뒤 염불을 널리 권하였다.

(唐慧日。泛舶渡海達天竺。參訪知識。咨稟捷徑法要。天竺學者皆贊淨土。至健馱羅國東北大山。有觀音像。日乃七日叩頭。又斷食。畢命為期。至七日夜。忽見觀音現紫金身。坐寶蓮華。垂手摩頂曰。汝欲傳法自利利他。惟念西方極樂世界阿彌陀佛。當知淨土法門勝過諸行。說已忽滅。日回長安。普勸念佛。)

이와 같은 혜일 스님에 대한 기록은 나중에 두 가지로 쓰였다. 하나는 7·8세기 인도에 염불이 크게 성했다는 증거라는 주장과 관세음보살 상은 있었지만, 아미따 붇다의 상은 찾지 못해, 결국 인도에서 맑은나라(淨土) 가르침(法門)에 대한 증거를 찾지 못했다고 해석하는 것이었다. 관음신앙과 아미따 신앙을 다르게 보려는 뜻도 엿보이는 주장이다.

옮긴이는 몇 년 전 이 이야기를 읽고 간다라 현지를 가면 꼭 아미따 붇다의 상을 찾아보겠다는 결심을 하였다. 그리고 드디어 찾아낸 것이다. 이 보살상은 간다라 때 가장 큰 산사였던 타흐트 바이 아랫마을인 사흐리 발롤(Sahri Bahlol)에서 1912년 발굴한 것으로, 2~3세기 유물이라는 설명서가 붙어 있다. 혜일 스님이 이곳에 간 8세기에는 이미 밀교가 성했던 시대이지만, 2~3세기는 쿠샨왕조의 카니스카 왕 시대로 이 지역에 불교가 가장 크게 일어날 때이고, 이미 후한(後漢) 때인 148년 안세고(安世高)가 무량수경을 한문으로 옮겼고, 179년 로까락싸(Lokarakṣa, 支婁迦讖, 147~186년)가 반주삼매경(般舟三昧經)과 무량청정평등각경無量淸淨平等覺經을 옮겼으니, 이때 간다라에 아미따 붇다를 모시는 불상이 있었다는 것은 오히려 당연한 일일 것이다.

마침 아미따경을 책으로 내게 되는 때 이런 인연이 있어 이를 기록하며, 이를 기틀로 하여 앞으로 좀 더 깊이 연구해 보려고 한다.

3. 천축국에서 아미따바 붇다의 자취를 찾다.

2014년 간다라 지역에서 관세음 보디쌑바의 꽃관에서 아미따바 붇다 상을 본 뒤 프랑스 기메 박물관 등 몇 가지 자료를 더 확보할 수 있었다. 그리고 2018년 인도 마투라박물관에서 아이따바 붇다의 자취를 찾을 수 있었다. 비록 받침돌과 발만 남았지만, 받침돌에 AD 104년에 만들어진 아미따바 붇다(Amitabha buddha)라는 글이 뚜렷하게 남아 있다.

아미따붇다상(인도, 마투라박물관, 글쓴이 찍음)

마투라 박물관에 전시한 상은 제대로 사진에 담을 수가 없었다. 유리 안에 전시하므로 건물 창에서 들어오는 햇빛이 유리에 비쳐 반사되고, 전시 상자 안에 밝은 전등을 켜 놓아 글이 새겨진 부분이 어둡기 때문이다. 그래서 Wikimedia에서 자료 사진을 내려 받았다.

아미따붇다상 설명서

1. name of the object : inscribed Pedestal of Amitabh(a)
   Buddha' s Feet

2. Accesseion Number : 77.30

3. Period : Kushana Samvat 26 + 78 = 104 A.D.

4. Provenance : Chhargaoun, Mathura.

5. Description : is image representing an inscribed pedestal of buddha images displayed the piece of the right records. the installation of the statue of amitabha buddha in the 26^{-1} year which corresponds to 104 a.d. the importance lies in the fact that this is the earliest archaeological evidence to prove the prevalence fo the cult of dhyani buddha at mathura. attendant lotus carving are seen with buddha feet.

1. 전시물 이름 : 글자가 새겨진 아미따불(Amitabh) 발 받침대.

2. 등록번호 : 77.30

3. 기간 : 쿠샨왕조(Kushana) 월력(Samvat) 26년(+ 78) = 104 A.D.

4. 출처 : 마투라(Mathura) 츠하르가운(Chhargaoun).

5. 설명 : 글자가 새겨진 불상 받침대인 이 이미지는 바로 그 기록의 조각을 보여 주는 것이다. 서기 104년에 해당하는 쿠샨왕조 26년에 아미따바(無量光) 불상을 설

치했다. 아주 중요한 것은 이 불상조각이 Mathura에서 오지여래(五智如來, 五大如來, dhyani buddha) 숭배가 유행했다는 것을 증명하는 최초의 고고학적 증거라는 사실이다. 수행원과 연꽃 조각은 부처 발로 볼 수 있습니다.

여기서 아미따불이 오지여래五智如來라고 했는데 잘못 설명한 것으로 보인다. 오지여래나 오대여래는 밀교에서 5가지 지혜의 분다, 곧 법계체성지法界体性智=대일여래 · 대원경지大圓鏡智=아촉여래 · 평등성지平等性智=보생여래 · 묘관찰지妙観察智=무량수여래 · 성소작지成所作智=불공성취여래와 관련된 여래를 말한다. 그러나 이런 밀교적 해석을 7세기 이후 형성된 것이므로 2세기 불상을 500년 뒤의 관념으로 해석한 것이다.

2세기 이후 이미 치나(支那)에서 정토경전에 번역된 것으로 보아, 이때 이미 이곳에는 정토법문이 유행했다는 것을 보여 주는 조각이라고 봐야 한다.

산스크리트 판독문

L. 1 mah(ā)rajasya huveṣkas[y]a (saṃ) 20 6 va 2 di 20 6
L. 2 (etaye pu[r]vaye) sax-cakasya satthavahasya p[i]t[-x](ṇ)[-x] balakattasya śreṣṭhasya nāttikena
L. 3 buddha(pi)la(na) putra(ṇ)a nāgarakṣitena bhagavato buddhasya amitābhasya pratimā pratiṣṭh(ā)pi[tā](. . .)
L. 4 [Sa](rva)buddhapujāye im(e)na k(u)śalam(ū)lena sar(va)(sat)[v]ā anut(t)ara(ṃ) bud(dh)ajñānaṃ prā(pnva)m(tu)(. . .)

UCLA 그레고리 쇼픈 교수의 해석을 보면 다음과 같다.

The 26th year of the Great King Huveska, the 2nd month, the 26th day. On this day by Nagaraksita, the (father) of the trader(Sax-caka), the grandson of the merchant Balakatta, the (son of Buddhapila), an image of the Blessed One, the Buddha Amitabha was set up for the worship of all buddhas. rough this root of merit (may) all living things (obtain) the unexcelled knowledge of a buddha.[2]

---

2) Gregory Schopen, "e Inscription on the KuṢan Image of Amitabha and the Character of the Early Mahayana in India.", THE JOURNAL OF THE INTERNATIONAL ASSOCIATION OF BUDDHIST STUDIES, Volume 10, Number 2, 1987, 111쪽.

후베스카 대왕 26년 2월 26일. 이날 상인(Sax-caka)의 아버지 나가락씨따(Nagaraksita), 상인 발라까따(Balakatta)의 손자, 붇다필라(Buddhapila)의 아들이 모든 붇다를 예배하기 위해 신성한 아미따바(無量光) 여래 상을 세운다. 이 선근으로 모든 중생이 붇다의 위 없는 지혜를 얻으시길!

박물관 안내서에는 후베스카 대황 26년은 AD 104년이라 했고, 마투라에서 불상이 널리 유행했다는 것을 보여 주는 가장 오래된 증거라고 강조하고 있다.

그밖에 미국 개인이 간직하고 있는 불삼존상에 '아미따불'이란 뚜렷하게 새겨진 보기가 학계에 보고되었다(Marie-Thérèse de Mallmann, "Head-dresses with Figurines in Buddhist Art", Indian Art and Letters 21-2(1947) 80~89쪽).

앞으로 더 관심을 가지고 천축에서 아미따바 사상이 널리 수행되었다는 것을 밝히려고 한다.

아미따붇다상(Wikimedia)

4. 감사하는 마음 – 나모아미따불

이 아미따경은 산사에서 수행할 때 그곳 등인 스님·불모화 선녀와 함께 읽으며 공부하였고, 2014년 1~2월 맑은나라 불교 연구회 사무실에서 5명이(그 가운데는 90살이 넘은 서예가 남 강 선생도 계셨다) 함께 읽고 공부하면서 다시 검토하였다. 함 께한 모든 분들과 특히 애벌 번역부터 이 꼬리말까지 늘 교정을 봐 준 불모화 선녀에게 감사드린다.

산에서 내려온 지 1년 반이 지났다. 그간 공부한 것을 책으로 내보겠다고 마음을 냈으나 이날저날 미루며 시간이 지나갔다. 그러다가 큰 수술을 앞두고 2주쯤 시간이 있어, 열심히 다듬고 정리하여 『붇다가 말씀하신 아미따경』과 『만화로 읽는 아미따경』 2권을 펴내게 되었다.

조직검사 때문에 수술실에 들어가면서 생전 처음 가보는 낯선 모습에도 내 속에는 '나모아미따불'이 되뇌어져 편안하고, 마취할 때도 언제 정신이 없어지는가를 보는 연습을 하며 '나모아미따불'이 이어진다. 지금 진도 앞바다에 여객선이 침몰해 300명이 생사를 모르고 온 나라가 가라앉는 모습이다. 이때도 내 속에서는 오로지 '나모아미따불' 뿐이다.

나모아미따불, 나모아미따불, 나모아미따불.

2558년(2014) 4월
보정 두 손 모음

참고문헌

『오대진언(五大眞言)』, 상원사본, 1485년(成宗 16년), (한국학중앙연구원).

『진언집(眞言集)』, 전라도 용문사, 1529년(중종 24), (국립중앙도서관).

『진언집(眞言集)』, 전라도 安心寺, 1569년(선조 2), (국립중앙도서관).

『진언집(眞言集)』, 강원도 신흥사, 1658년(효종 9), (국립중앙도서관).

『진언집(眞言集)』, 평안도 普賢寺, 1688년(숙종 14), (국립중앙도서관).

『진언집(眞言集)』, 전라도 金山寺, 1694년(숙종 20), (국립중앙도서관).

『진언집(眞言集)』, 전라도 萬淵寺, 1777년(정조 1), (국립중앙도서관).

『진언집(眞言集)』, 경기도 망월사, 1800년(정조 24), (국립중앙도서관).

『진언집(眞言集)』, 전라도 維摩寺, 1826년(순조 26), (국립중앙도서관).

『佛說阿彌陀經』활자본 諺解, 1461년(세조 7년), (성암고서박물관).

東國大學校 佛敎文化硏究所,「李朝前期國譯佛書展觀目錄」, 1964.

東國大學校 佛敎文化硏究所,「眞言·儀式關係佛書展觀目錄」, 1976.

『천수경 · 금강반야바라밀다심경』(선문출판사, 1990년 초판, 2001년 7판).

〈조계종 표준〉『우리말 천수경』(조계종출판사, 2015 초판 1쇄, 2016 2쇄).

『정토와 선』, 맑은나라, 2014.

『극락과 정토선』, 맑은나라, 2015.

『극락 가는 사람들』(편저), 맑은나라, 2015.

『극락과 염불』, 맑은나라, 2016.

『아미따경』(전자책), 맑은나라, 2014.

『만화로 읽는 아미따경』(번역), 맑은나라, 2015.

김영배 등,『阿彌陀經諺解의 國語學的 硏究』法報新聞社, 1997.

簡豐祺 校註,『古梵文 佛敎咒語大全』(續篇), 臺灣, 大千出版社, 2012.

이태승 · 안주호,『실담자기와 망월사본 진언집 연구』, 글익은들, 2004.

전재성,『천수다라니와 붓다의가르침』, 한국빠알리성전협회.

「寬淨의 淨土禪 수행법에 관한 연구」, 『韓國淨土學會』, 2015.

M. Monier-Williams, 『Sanskrit-English』, oxford, 1899.

鈴木學術財團 編, 『漢譯對照 梵和大辭典』講談社, 1986 1쇄, 1999 11쇄.

전재성 편저, 『빠알리-한글사전』, 빠알리성전협회, 2005.

옮긴이 약력

단국대학교에서 박사학위를 받고, 서경대학교에서 30년 넘게 경제사 강의하고, 고구리연구회 창립하여 30년간 고구리사 연구에 힘썼으며, 세계에스페란토협회 임원 맡아 140개국을 여행하였다.

(현) 고구리·고리연구소 이사장,
     맑은나라불교연구회 이사장,
     고구려발해학회 고문,
     세계에스페란토협회 명예위원.
세계 에스페란토불자연맹 (전)회장 (현)부회장

〈전공 저서와 논문〉

① 『에스페란토』 초급 강습서, 1973. ② 『에스페란토』 중급 강습서, 1976. ③ 『시베리아 횡단열차』, 1989. ④ 『동유럽 민박여행』 I (불가리아 · 유고슬라비아 · 폴란드) 1989. ⑤ 『동유럽 민박여행』 II (헝가리 · 체코슬로바키아 · 동독), 1989. ⑥ 『고구리 성』, 고구리특별대전 도록, 한국방송공사, 1994. ⑦ 『고구리 역사유적 답사』, 사계절, 1998. ⑧ 『살루톤! 호주 · 뉴질랜드』, 경세원, 2001. ⑨ 『대륙에 남은 고구리』, 고구리연구회, 2003. ⑩ 『유적 유물로 보는 고구리』, 미디어채널, 2003. ⑪ 『세계유산 고구리』, 동명, 2004. ⑫ 『시베리아횡단열차로 가보는 유라시아문화』(1~5), 미디어채널, 2004. ⑬ 『동북공정 고구리사』(번역), 사계절, 2006. ⑭ 『중국이 쓴 고구리 역사』(번역), 여유당, 2007. ⑮ 『한말 유럽 학자의 고구리 연구』, 여유당, 2007. ⑯ 『동북공정과 한국 학계의 대응 논리』(공저), 여유당, 2008. ⑰ 『고구리 축성법 연구』, 학연문화사, 2009. ⑱ 『백두산 국경 연구』, 여유당, 2009. ⑲ 『아시아의 진주 알타이』, 학연문화사, 2009. ⑳ 『알타이의 자연과 문화』, 학연문화사, 2009. ㉑ 『우리집』(1 · 2 · 3 · 4 · 5 · 6), 1987 · 1989 · 1992 · 1995 · 2009 · 2009. 〈가족지〉. ㉒ 『엄두를 낸 것은 할 수 있다』, 도서출판 솔과 숲, 2009. 〈수필집〉. ㉓ 『대한민국 대학교수』, 여유당, 2009. 〈서길수 교수 65년 개인사〉. ㉔ 『맑은나라 사람들』, 여유당, 2009. 〈192명이 쓴 정년퇴임 기념문집〉. ㉕ 『고구려 본디 이름 고구리(高句麗)』, 여유당, 2019. 12. ㉖ 『장수왕이 바꾼 나라이름 고리(高麗)』, 여유당 2019. 12. ㉗ 『세계 속의 고리(高句麗) - 막북(몽골)초원에서 로마까지』, 맑은나라, 2020. 12. ㉘ 『실크로드에 핀 고리(高句麗)의 상징 닭깃털관(鷄羽冠)』 여유당, 2020. 12. ㉙ 『사마르칸드에 핀 고리(高句麗)의 상징 닭깃

털관(鷄羽冠)』여유당, 2020. 12. ㉚『동북공정 백서』, 맑은나라, 2022.

논문은 「공자의 경제사상」, 「율곡의 경제사상」, 「일본 법륭사(法隆寺) 불상 대좌에 그려진 고구리(高句麗) 인물상 연구」 같은 100편 남짓.

〈불교 공부〉

1990년부터 '늘 놓치지 않고 보는(體禪)' 공부하다가,
2009년 정년퇴직하자마자 모든 것 내려놓고 망경대산 산사에 들어가
3년간 산문 나오지 않고 관법과 염불선을 수행했다.
2012년 하산하여 현재 맑은나라 불교연구회를 만들어
계속 닦아나가며, 틈나는 대로 강의·집필을 통해 회향하고 있다.

〈책〉

(1) 『정토와 선』, 맑은나라, 2014. 05. 30.
(2) 『아미따경』(전자책), 맑은나라, 2014. 05. 30.
(3) 『극락과 정토선』, 맑은나라, 2015. 09. 30.
(4) 『극락 가는 사람들』, 맑은나라, 2015. 12. 25.
(5) 『만화로 읽는 아미따경』(번역), 맑은나라, 2015. 09. 30.

(6) 『아름다운 이별 행복한 죽음』(공역), 비움과 소통, 2015.

(7) 『조념염불법』(공역), 비움과 소통, 2016.

(8) 『아미타불 48대원』(공역), 비움과 소통, 2015.

(9) 『극락과 염불』, 맑은나라, 2016. 04. 08.

(10) 『한국왕생전 · 극락 간 사람들』, 비움과 소통, 2022.

(11) 새 세대를 위한 산스크리트 대조 해설 『모든 붇다가 보살피는 아미
따경』, 맑은나라, 2022.

〈논문〉

(1) 「寬淨의 淨土禪 수행법에 관한 연구」, 한국정토학회 『정토학연구』,
2015.

(2) 「반야심주 소릿값(音價)에 관한 연구」, 한국불교학회 『한국불교학』
(96), 2020.

(3) 「'南無阿彌陀佛'의 소릿값(音價)에 관한 연구」(1), 『정토학연구』(34
집), 2020.

(4) 「'南無阿彌陀佛'의 소릿값(音價)에 관한 연구」(2), 『불교음악연구』
(2), 2021.

모든 붇다가 보살피는 **아미따경**

초판 2022년 05월 30일
개정판 2022년 11월 30일

옮긴이(한문) 꾸마라지바
옮긴이(바른소리) 서길수(徐吉洙)

펴낸곳 도서출판 맑은나라
발행인 이은금
등록 2014년 4월 28일 제 105-91-93194
주소 04056 서울 특별시 마포구 신촌로2안길 47(맑은나라불교연구소)
전화 02-337-1661
이메일 kori-koguri@naver.com

편집인 김윤희
편집·제작 맑은소리맑은나라
출판등록 2000년 7월 10일 제 02-01-295 호
본사 부산광역시 중구 중앙대로 22 동방빌딩 4층
지사 서울특별시 용산구 한강대로 259 고려에이트리움 1613호
전화 051-255-0263 **팩스** 051-255-0953
이메일 puremind-ms@hanmail.net

값 20,000원
ISBN 979-11-87305-18-7(03220)